新人司法書士・補助者のための 登記業務 現場の教科書

司法書士
LEC東京リーガルマインド講師
福島崇弘 著

中央経済社

は じ め に

　新卒で司法書士事務所に補助者として入所した時，「司法書士事務所ってどんな仕事をするのだろう？」と不安でいっぱいでした。司法書士試験の勉強中だったのである程度の知識はあったものの，「試験勉強の知識を実際にはどのように使うのか？」が見えませんでした。自分は職場で何をすればいいのか，次にどんな動きをすればいいのか，右往左往していました。

　２，３年仕事をし，一通り実務を経験すると，司法書士試験の知識は実務に直結すると身をもって気づきました。机に座ってテキストを読んでいても，その内容がだんだんイメージできるようになりました。このように，司法書士事務所で働くことには，試験で勉強する内容に対する解像度が上がるというメリットがあります。ただ，すべての受験生が司法書士事務所で働くわけではありません。

　そこで，以下の方を想定して本書を執筆しました。

①受験生向け：司法書士試験の勉強を始める方や勉強中の方に，受験知識の実務での使われ方を解説する。過去問で知識を連携させる。
②新人実務家向け：司法書士事務所の補助者や司法書士試験に合格して開業する方に，業務の流れと見落としがちな業務の注意点を解説する。

　司法書士試験で学ぶ法律には，手続法も多く含まれます。実務のイメージが湧くと，理解が促されるでしょう。

　また，私が補助者時代に作成したメモをベースに執筆したので，新人実務家の「ここが知りたかった」にこたえられていると自信を持っています。

　上司に教わりながら，あるいは前任者の足跡をたどりながら身に付けた

不動産登記や商業登記の流れや注意点，そして自らの失敗をもとに気づいた見落としがちな点等を盛り込みました。

　補助者を経験しないで独立する場合，手取り足取り教えてくれる上司がいません。補助者として修業に行ったとしても，忙しい司法書士が丁寧に教えてくれるとは限りません。ぜひ，本書を片手に手続きをしていただければと思います。

　最後に。「AI化で司法書士の仕事はどうなりますか」とよく聞かれます。

　司法書士業務は，書類作成だけの仕事ではありません。最も大切な本人確認，申請意思の確認もありますし，書類作成にあたっても，背景を元に法律構成をとらなくてはなりません。さらに，登記申請日までのスケジューリングもありますし，それらすべてについて責任を負わなくてはなりません。こういったことは，AIに代わられるものでは到底ないと思います。

　本書が，司法書士として花を咲かせるお手伝いになることがあれば，望外の喜びです。

　2023年10月

福島　崇弘

Contents

はじめに

イントロダクション
司法書士・補助者になったら   1

第 1 部
不動産登記

1 **決済業務** ·· 18
土地と建物の売買

2 **新築建物と登記** ·· 33
建物表題登記と所有権保存登記

3 **住宅ローンの借換** ·· 41
債務者の変更がある場合

4 **不動産の相続** ··· 45
未成年者がいる場合

5 **所有権登記名義人の住所変更** ·· 50
登記簿上の住所と現在の住所が一致しない場合

6 抵当権抹消登記 ··· 55
事前通知制度を利用する場合

7 抵当権変更登記 ··· 62
所有者・債務者に住所変更登記が必要な場合

8 贈与による所有権移転登記 ······································· 67
農地からの地目変更がある場合

9 法人と役員間の土地売買 ·· 74
利益相反に該当する場合

10 外国人の土地購入 ··· 79
ローマ字の表記

11 土地区画整理事業地内の抵当権設定 ······················ 84
保留地の場合

12 任意売却と所有権移転登記 ······································ 88
差押抹消登記をする場合

13 山林売買と所有権移転登記 ······································ 93
注意すべき点

第 **2** 部

商業登記

1 株式会社の設立登記 ……………………………………… 98
定款認証

2 目的変更登記 ……………………………………………… 119
飲食業から不動産業に展開する場合

3 役員変更登記 ……………………………………………… 125
建設業の場合

4 資本金変更（減資）登記 ………………………………… 132
債権者保護手続き

5 本店移転登記 ……………………………………………… 138
都道府県をまたぐ移転

6 解散・清算結了登記 ……………………………………… 145
建設業の場合

司法書士・補助者になったら

<はじめに>
司法書士の取り扱い業務，開業までの流れ，関係する役所や士業について解説します。

1　司法書士の取り扱い業務とは

「司法書士の仕事」というと，不動産の名義変更や会社の設立登記などが思い浮かぶかもしれません。実際には，司法書士が他人の依頼を受けて行うことのできる業務はさらに多岐にわたります。司法書士法第3条や司法書士法施行規則第31条にその内容が規定されています。

①登記又は供託手続の代理

②（地方）法務局に提出する書類の作成

③（地方）法務局長に対する登記，供託の審査請求手続の代理

④裁判所または検察庁に提出する書類の作成，（地方）法務局に対する筆界特定手続書類の作成

⑤上記①〜④に関する相談

⑥法務大臣の認定を受けた司法書士については，簡易裁判所における訴額140万円以下の訴訟，民事調停，仲裁事件，裁判外和解等の代理及びこれらに関する相談

⑦対象土地の価格が5,600万円以下の筆界特定手続の代理及びこれに関する相談

⑧家庭裁判所から選任される成年後見人などの業務

　幅広い業務があるものの，業務受託の際はその都度，業際に反していないかを確認する必要があります。

2　どんな事務所形態があるか

①　個人事務所（1人事務所）

　司法書士事務所で最も多い形態が個人事務所です。司法書士資格の最大の魅力は独立開業し，一国一城の主になることができることです。法令や倫理規定には注意しなければなりませんが，上司がいないので，自分自身の責任と判断で業務を行うことができます。

　事務所の開業には，初期の設備投資費用もほとんどかかりません。また，資産要件もありません（美容院の開業であれば，何百万という設備投資が必要ですし，建設業許可を取得する会社であれば，500万円以上の自己資本等が必要となります）。補助者などの従業員を雇わないのであれば，自宅で開業し，経費を削減することもできます。

1人事務所のメリット・デメリット

メリット	●自宅で開業する場合，通勤時間がかからないため，仕事を始めるぞ！と思った瞬間に業務に取りかかることができる。 ●補助者などを雇わない場合には，業務自体は大変だが，事務所内で気を遣わずに業務することができる（個人的には，従業員がいない1人事務所の状態が一番利益が出ると思う）。
デメリット	●自宅で開業し，司法書士の登録をすると事務所所在地がインターネットなどで閲覧できる状態になるので，自分の住所地が知られてしまう可能性がある。借家であれば引っ越しができるが，持ち家などの場合には引っ越しが容易ではないので，慎重に検討する必要がある。 ●1人しか司法書士がいないため，予定がタイトになる。

② 司法書士法人（大きな法人）

　いきなり独立開業せずに，司法書士法人に勤務することもできます。司法書士法人に所属するメリットやデメリットは以下の通りです。

司法書士法人所属のメリット・デメリット

メリット	●一人事務所と異なり，複数人司法書士がいるため，自分自身の体調不良や予定の重複などで動けないときに仲間に助けてもらえる。 ●独立開業と異なり，勤務時間が決まっているので，土日などの休日の予定が立てやすい。 ●給与制なので，収入面で安定しやすく有給休暇なども適用され，また社会保険にも加入できる。
デメリット	●独立開業と比較し，収入面で安定はするが，開業司法書士よりは少ないことが多い。 ●組織として業務を分業にしている事務所もあり，その場合，学べる実務が限られることがある。

　事務所ごとに，勤務体系や任される業務が異なります。任される案件が多く忙しい事務所もあるでしょう。ご自身が長く勤めたいのか，それとも経験を積んで早期に開業したいのかを考えて勤務することをおすすめします。

ワンポイント　司法書士の求人

　15年程前に私が司法書士事務所で補助者として働きたいと思った時に，困ったのは求人が探せなかったことでした。私の場合，司法書士会に履歴書を置いてもらい，求人している司法書士事務所から電話がかかってきて面接をしました。

　現在は，Twitterや求人サイト，各予備校などでも求人情報を入手できます。アンテナを張り，ご自身の目的に合う事務所を探しましょう！

3 開業までのスケジュールは？

簡易な流れとしては，次の通りとなります。

(STEP 1) 事務所の所在場所を決める

自宅または事務所を置くテナントを借ります。借りる際は，賃貸借契約書の使用目的を必ず確認するようにしましょう。居住用の使用目的で事務所利用するのは目的外使用になります。また，マンションの規約に定めがある場合などにも注意しましょう。

また，後に都道府県をまたいで事務所移転をすると，在籍の司法書士会から脱退し，移転先の都道府県の司法書士会に再度入会することになります。費用的にも時間的にも負担が生じるので，開業場所はよく考えて決めるべきでしょう。

(STEP 2) 登録申請

司法書士会から登録関係の書類をもらい，登録に必要な書類を揃えて申請します。

(STEP 3) 登録完了

開業したら，電子証明書をすぐに請求します。この電子証明がなければオンライン申請や電子認証ができません。さらに，インターネットで登記情報提供サービスを取得できるように登記情報提供サービスと登記ねっとにも登録します。

税務署等への手続（開業届と青色申告承認申請書を提出などや，司法書士賠償責任保険加入，銀行口座開設など）も行います。

4 司法書士事務所で必要なものとは

　例を挙げます。業務用支援ソフトは，「権（ちから）」「サムポローニア」「司法くん」などがあります（私はサムポローニアを使っています）。

司法書士事務所に必要なものの例

□事務作業用のデスクセット
□応接用のデスクセット
□パソコン
□申請用総合ソフト（オンライン申請する場合，法務省の申請用総合ソフトが必要）
□業務支援ソフト（作業効率アップのためのソフト）
□電話
□複合機（コピー，スキャナー，FAXのあるもの）
□シュレッダー（業務用）
□名刺
□電子証明書
□職印・ゴム印・銀行印
□銀行口座（ペイジー対応のもの）
□事業用のクレジットカード
□登記情報提供サービス，登記ねっとへの登録
□事務用品（ハサミやカッター，電卓，定規，筆記用具など）
□登記識別情報目隠しシール
□登記識別情報表紙
□事務所用の封筒　など

5 市区町村役場で取得できる書類

市区町村役場で取得できる証明書は以下の通りです。

市区町村役場で取得できる証明書と必要書類

担当課	書類	必要書類　※会員証または補助者証は本人確認で必要
市民課	住民票（除票を含む） 戸籍の附票（除附票を含む） 戸籍謄本（除籍謄本・改製原戸籍を含む）	職務上請求書
	不在籍証明書 不在住証明書	職務上請求書と証明願（証明願は市区町村役場でもらえる）
税務課	住宅用家屋証明書（減税証明書）（家屋係）	新築の戸建の場合：住宅用家屋証明申請書・確認済証・建物の登記事項証明書等・住民票 中古住宅の場合：住宅用家屋証明申請書・登記簿・売買契約書の写し等
	固定資産評価証明書※	固定資産課税台帳登録事項証明申請書 委任状
庶務課	住居表示証明書	該当者の氏名および住居表示実施前の住所がわかる資料
	町名地番号変更証明書	該当者の氏名および町名地番号変更前の住所がわかる資料

※東京都においては資産が所在する区市にある都税事務所が窓口になります。

6　法務局で取得できる書類

①　登記事項証明書

　登記事項証明書は，登記内容が記載されている書類です。委任状などは不要で手数料を支払えば誰でも取得できます。登記官の押印がされているので，証明書としての効力があります。

　司法書士は，登記完了後の納品の際に，「ご依頼いただきました登記がこのようにキチンと完了しましたよ！」という意味でこの登記事項証明書を渡します。また，行政書士の許認可や税理士の税務申告などにおいても，この登記事項証明書が必要となることが多く見られます。

　似たようなものでインターネットで取得できる登記情報提供サービス（https://www1.touki.or.jp）があります。登記事項証明書と登記情報提供サービスの違いは「証明書として使用できるか否か」と費用面です。

　登記事項証明書は，費用は高いですが証明書として使えます。それゆえ納品や手続きで提出する際に取得します。それに対し，登記情報提供サービスは，費用は安いですが証明書としては使えません。提出予定がない場合に，情報確認として取得します。依頼があったら，最初に登記情報提供サービスから取得し，最後に登記事項証明書を取得して完了することになります。

ワンポイント 登記事項証明書の取得の注意点

　登記事項証明書は，法務局に登記された内容を証明するものです。土地の合筆（Ａ土地にＢ土地を吸収させる手続きのイメージ）や建物の滅失（建物の取り壊し）などにより従来の土地の登記記録が閉鎖されることによって登記事項証明書は取得できなくなります。

　しかし，合筆前の土地の権利書を使い抵当権設定の登記をする際などには，その権利書が登記記録と符合しているのかを確認しなければなりません。この場合，登記事項証明書の代わりに取得するのが，閉鎖事項証明書です。

　また，不動産取引の場合には，過去に工場用地であると土壌汚染のリスクはないかや過去に農地であった場合に何らかの行政規制はかかっていないかなどを調べるために取得することもあります。

登記事項証明書のサンプル

（1枚目）
【出所】法務省ホームページ

② 公図

　公図は，法務局に備え付けられている地図のようなものです。土地の位置や形状を確定するための図面です。主に融資利用の際や登記対象地の確認や行政書士の許認可申請（農地法の許可申請）等の場合に必要となります。ただし，現在の測量技術のように精度が高くはないので，現況と記載が異なって見えることがあります。

地図と公図

地図（不動産登記法第14条第1項）	国が地籍調査を実施し，立会いや測量を行って作製された高精度の図面を「地図（14条地図）」という。方位・形状・縮尺ともに正確で，14条地図と呼ばれる。この14条地図に取り替えるため，随時地籍調査が実施されている。そして，それが完成すると従来の不正確な公図と取り替えられ，14条地図が法務局に備え付けられる。
地図に準ずる図面（公図）	地図（14条地図）と取り替えるまでの間，備え付けられた旧公図を基に再製された地図のことを「地図に準ずる図面（14条地図に準ずる図面）」という（これがいわゆる公図）。隣接して照らし合わせると上手くつなぎ合わせることができない場合がある。理由として，取り替えが完了している地域では14条地図と，完了していない地域では従来からの公図（14条地図に準ずる図面）が混在していることがあるため。

ワンポイント　公図記載の地番

　公図の中には，（1－1＋1－2＋1－3＋1－4）のように複数の地番を一括して記載してあるものがあります。これは，それぞれの土地の筆界が確定できず，筆界が未定となっていることが原因です。大きな道路などではよくこのような表記が見られます。

　建築基準法の接道要件の確認をする際にすべての地番の登記情報提供サービスを取得するのは現実的ではありません。そこで，確認の都度考えます。

　公図で地番が記載されていない場合には，国や地方公共団体などの所有となっているとわかります。土地の払下げなどで購入する場合，珍しい土地の所有権保存登記を行うことがあります。

公図のサンプル

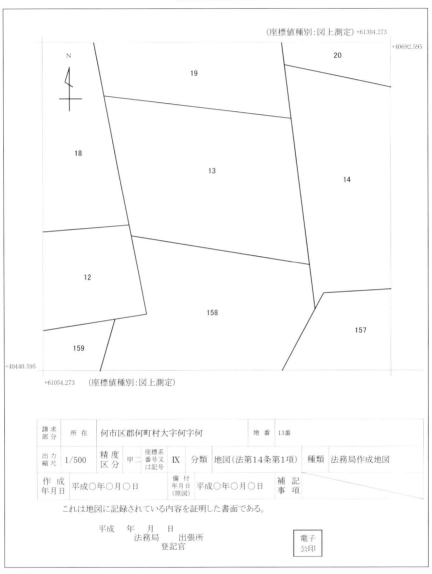

(座標値種別：図上測定) +61304.273

+40692.595

請求部分	所在	何市区郡何町村大字何字何	地番	13番	
出力縮尺	1/500	精度区分	甲二	座標系番号又は記号	IX	分類	地図（法第14条第1項）	種類	法務局作成地図
作成年月日	平成○年○月○日	備付年月日（原図）	平成○年○月○日	補記事項	

これは地図に記録されている内容を証明した書面である。

平成　年　月　日
法務局　　出張所
登記官

電子公印

【出所】法務省ホームページ

③ 地積測量図

　地積測量図は，土地の分筆登記や地積更正登記などを申請する際に使う図面です。土地の面積である地積をどのように算出したかといった測量結果を示します。

　登記事項証明書や公図と異なり，作成されていないこともあり，取得できないこともあります。

▲測量方法や取り扱いの変化により，作成時期によって精度が全く異なります。

④ 地役権図面

　地役権図面は，承役地の中で地役権がどの部分に設定されているかを示します。承役地の土地全部に地役権を設定する場合には，公図や地積測量図などで示せるため，地役権図面を別途作る必要はありません。それに対し承役地の一部に地役権を設定する場合，どの部分に設定されているか特定する必要があるため，この地役権図面が作成されます。

ワンポイント　地役権について

　地役権は，送電線を通すために設定されることが多いです。地役権は，地役権図面を添付することで土地の一部に設定して登記できます。賃借権と異なり分筆登記をせずとも登記できるのがメリットです。地役権図面は土地家屋調査士が作成できます。地役権設定登記の申請は司法書士が代理で行います。

試験ではこう出た！　司法書士試験（平16）

問　地役権の設定の登記の申請においては，申請情報の内容として地役権設定の目的及び範囲を提供し，地役権が承役地の全部又は一部について設定されたことを示す地役権図面を提供しなければならない。

答　誤り。地役権図面は範囲が「全部」となっている場合は不要。ただし，「一部」の場合は必要。

7　他士業との関係は？

　連携する士業について解説します。

①　土地家屋調査士

　土地家屋調査士は，司法書士と同じく不動産登記手続きの専門家です。主に不動産の表示に関する登記について他人の依頼を受け，土地や建物の所在・形状・利用状況などを調査・測量して，図面の作成や不動産の表示に関する登記の申請手続などを行います。

　司法書士は目に見えない権利について登記をしますが，土地家屋調査士は目で見える不動産の外観を実際に調査し登記します。デスクワークだけではなく，実際に現場に行き作業を行うのが特徴的です。それゆえ，AI化が進む中でも，仕事がなくならないといわれている将来性もある資格です。

　主に次のような業務を行います。

- 不動産の表示に関する登記につき必要な土地又は家屋に関する調査及び測量をする。
- 不動産の表示に関する登記の申請手続について代理する。
- 不動産の表示に関する登記に関する審査請求の手続について代理する。
- 筆界特定の手続について代理する。
- 土地の筆界が明らかでないことを原因とする民事に関する紛争に係る民間紛争解決手続について代理する。

　例えば，司法書士の所有権保存や所有権移転，抵当権設定の事前に行われる次のような手続きをします。

- 建物表題登記（建物新築の際）
- 建物滅失登記（建物建替などの際）
- 地目変更登記（建物新築によって宅地に地目が変更する際）
- 土地分筆登記（広い土地の一部を売買や抵当権の設定する際など）
- 土地合筆登記（多数の地番を取りまとめ1筆の土地にする際）

　最も司法書士と関連性の強い資格といえます。

②　行政書士

　行政書士は，官公署に提出する書類の作成，その相談や官公署に提出する手続きについて代理することを業としており，非常に幅広い業務を行います。行政書士業務は主に次のような業務に分類されます。

- 官公署に提出する書類の作成，その相談や官公署に提出する手続きについて代理すること（行政書士法第1条の2第1項，同法第1条の3第1項）（例えば，建設業，飲食店，農地転用，古物商などの営業許可申請）。
- 権利義務に関する書類について作成と相談をすること（行政書士法第1条の2第1項，同法第1条の3第1項）（例えば遺産分割協議書などの書類の作成）。
- 事実証明に関する書類の作成と相談をすること（行政書士法第1条の2第1項，同法第1条の3第1項）（例えば，各種議事録の作成など）。

　司法書士の登記業務と許認可業務は関係が深いです。法人登記の際には連携することが多くあります。例えば，建設業等の新規許可（法人設立登記後に各種許可を取得する場合），建設業等の変更届出（法人役員変更などの後に行う各種届出），農地転用許可（所有権移転登記の前に許可を取得する），自動車関係の登録（不動産の相続以外に自動車の相続もある場合の移転登記）などです。他にも自動車への抵当権設定や打刻申請などの珍しい業務もあり非常に幅広い業務がある資格です。

③　税理士

　税理士は，他人の求めに応じ，以下の業務を行います。税理士としての
地位，身分，収入などを保証するため，税理士だけが行える３つの独占業
務のほか，会計・法律のプロとしての付随業務とがあります。

<table>
<tr><td colspan="2" align="center">税理士の３つの独占業務</td></tr>
<tr><td>税務代理</td><td>税務代理とは，税務署などに提出する確定申告，青色申告の承認申請，税務署の更正・決定に不服がある場合の申立，税務調査の立会いなどについて代理する。また，税務代理をする場合に，税務署などの職員と面接するときは，税理士証票を呈示する。</td></tr>
<tr><td>税務書類
の作成</td><td>企業や個人などのクライアントに代わり，税務署などに提出する確定申告書，相続税申告書，青色申告承認申請書，不服申立書，そのほか税務署などに提出する書類を納税者に代わって作成する。申告書等の税務書類を作成して税務署などに提出する場合は，その書類に署名押印をする。</td></tr>
<tr><td>税務相談</td><td>所得金額，税金の算出方法，相続，贈与など，税法を含めた税に関するあらゆる相談に応じ，税の専門家として適切な指導をする。</td></tr>
</table>

　独占業務に加え，税理士業務に付随して財務諸表の作成，会計帳簿の作
成や記帳代行，さらに経営コンサルティングや財務の分析などといった会
計に関するさまざまな業務を行います。例えば，不動産売買（所有権移転
登記の際に売主に譲渡所得税が発生する際などの相談など），相続手続
（相続税の申告の際に相続財産に不動産がある場合や役員を退任する際の
相談など），法人解散（株式会社などの会社を清算する場合など）などが
あります。

④　上記以外の他士業

　その他の士業とも相談内容により，一緒に仕事をすることがあります。
例えば，裁判所への提出書類作成業務では，弁護士や不動産鑑定士と関わ
ることもあります。顧問先の法人の変更時や不動産登記などで逆に他士業
から相談を受けることもあります。

> **ワンポイント** 連携がお客様満足につながる

　各士業に専門分野がありますが，自ら各士業に振り分けて相談ができるお客様はほとんどいません。司法書士が相談を受けた際には，自分自身が信頼できる各先生に紹介するなどして迅速に対応することでお客様満足につながります。

第 1 部

不動産登記

1 決済業務
土地と建物の売買

1　決済業務は司法書士のメイン業務

　司法書士業務の中で最も有名なのが，立会と決済業務です。

　売買契約では，買主は代金の支払いをする義務，売主は売買物件を引き渡しする義務があります。この売主，買主のお互いの義務は同時に行わないといけない「同時履行の関係」に立ちます。

　時計などの動産であれば売買目的物を引き渡しすれば完了です。しかし，不動産の売買の場合，登記名義の変更もする必要があります。そのため，これを同時に行うためには，管轄の法務局に当事者が集まり売買をし，その場で法務局が登記できるかを判断してもらうことが必要です。つまり，確実に登記ができるとわかったうえで，買主がお金を支払います。

　しかし，実際には登記の内容の審査には日数がかかります。そして法務局には金融機関のような売買するスペースなどはありません。現実的にはこの法務局に集まって売買はできません。そこで，法務局の代わりに「登記が確実にできますよ」と判断をするのが司法書士の役割です。

　決済の当日に，司法書士が立ち会い，必要な書類が全て揃っているのかを確認します。さらに，本人確認，申請意思を確認します。そして，問題がなければ，売主から買主への所有権移転登記が確実にできるということになります。つまり，買主は間違いなく登記をしてもらえると安心して売買代金を売主に支払うことができます。

　つまり，司法書士がするのは「確実に登記ができる」という保証を与えることです。これを考えると，この役割はAIには代替できず，これからの時代もなくなることはないでしょう。

① 立会・決済の登場人物

　立会・決済の登場人物は一般的には以下の通りです。司法書士側がそれぞれとやり取りして準備しなければなりません。

● 売主，買主の売買契約の当事者
● 不動産仲介業者（売主，買主で異なる場合のように複数の不動産仲介業者の方がいることもある）
● 抵当権設定側の金融機関（買主に融資をする側）
● 抵当権抹消側の金融機関（売主に融資をしており，この度の決済で完済する予定）

② 決済のスケジュール感

　ほとんどの準備は決済日より前に行います。決済当日にするのは，一番大切な本人確認・意思確認・不動産確認・書類受取・融資実行サインなどです。

2　売買（土地）の決済業務

　ここからは，具体的なケースを見ながら，手続きの流れと必要書類等の確認をしていきます。

> **CASE**　ある日，事務所に知人Aが来所した。Aは，「来年の3/31付で，土地を更地で買って，その後，家を建てることになったから登記手続きをお願いしたい。住宅ローンは，株式会社X銀行で借り入れしようと思う」と依頼してきた。土地の所在は，「横浜市鶴見区新町二丁目1番1」とのことであった。

　さて，このケースでは，Aが提供した情報だけでは足りません。追加で確認しないといけない事項は次のとおりです。

☐日付と時間について（決済日時の確認）
☐場所について（決済する場所の確認）
☐不動産仲介業者がいる場合には，その連絡先と担当者の氏名
☐住宅ローンを組む場合には取り扱い金融機関の連絡先と担当者の氏名
☐売買契約書，固定資産評価証明などの資料のコピーを預かる

　追加確認事項の確認ができたら，順次手続きを進めます。

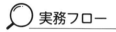 実務フロー

(STEP 1)　謄本を読む

　まずは，登記情報提供サービスで登記記録を確認します。その結果，次のようになっていたとします。

登記記録

表題部（土地の表示）
調製（略）　不動産番号（略）　地図番号（略）
筆界特定（略）

所在	横浜市鶴見区新町二丁目		余白
①地番	②地目	③地積　㎡	原因及びその日付（登記の日付）
1番1	畑	100㎡	余白

権利部（甲区）（所有権に関する事項）

順位番号	登記の目的	受付年月日・受付番号	権利者その他の事項
1	所有権移転	平成7年3月2日 第3061号	原　因　平成7年3月2日売買 所有者　横浜市中区中央五丁目 　　　　13番11号 　　　　B 順位3番の登記を移記

権利部（乙区）（所有権以外の権利に関する事項）

順位番号	登記の目的	受付年月日・受付番号	権利者その他の事項
1	抵当権設定	平成9年2月2日 第2800号	原　因　平成9年2月2日金銭 　　　　消費貸借同日設定 債権額　金5,000万円 損害金　年14.00％（年365日 　　　　日割計算） 債務者　横浜市中区中央五丁目 　　　　13番11号 　　　　B 抵当権者　横浜市中区中央五丁 　　　　目1番1号 　　　　Z

⚠読み取りで特に注意しなければならないことは，「地目が『畑』であること」，「Zの抵当権が設定されていること」です。

STEP2　登記の流れを組み立てる

　読み取った情報から，関係者に連絡します。そして，諸々の事項を確認のうえ，手続きの流れを組み立てます。

①農地転用許可または届出（地目が畑のため）　───────→　行政書士業務
②抵当権抹消登記（権利者B・登記義務者Z）
③所有権移転登記（権利者A・登記義務者B）　　　　　　　司法書士業務
④抵当権設定登記（権利者株式会社X銀行・登記義務者A）

STEP3　登記に必要な書類と見積書を作成

　登記で必要となる書類を確認して整理します。事前に次のようなチェックリストを準備しておくと確認漏れを防ぐことができます。

チェックリストの見本（登記に必要な書類）

① （根）抵当権抹消

□解除証書（登記原因証明情報）
□登記済証（原契約書）または登記識別情報

▲紛失（失効）している場合は，通常，事前通知手続きをする。
▲事前通知の場合，金融機関の印鑑証明書（有効期間3ヶ月）が必要。

□委任状（金融機関）（公庫の場合には移転の委任状）
□委任状（設定者）
△変更証明書（会社法人等番号で確認できない場合など）◁ 任意

▲人，対象不動産，申請意思を確認する。
▲登録免許税は不動産の個数1個につき1,000円。

②所有権移転登記（売買）

□売渡証書（登記原因証明情報）
□登記済証または登記識別情報
▲紛失（失効）している場合は，通常，本人確認情報の作成を行う。

□住民票の写し（買主）
□印鑑証明書（売主：有効期間3ヶ月）
□委任状（売主：実印）
▲実印について印鑑照合する（住所も印鑑証明書で確認する）。

□委任状（買主：認印で可）
□固定資産評価証明書
△農地法許可書等（地目または評価証明書の現況が農地の場合）◁ 任意
△利益相反（法人）→取締役会議事録（株主総会議事録）・社員総会議事録
　（この場合，会社実印＋会社の印鑑証明書，取締役の個人の実印＋印鑑証
　明書が必要の可能性あり）◁ 任意
△利益相反（未成年）→特別代理人選任審判書◁ 任意

▲人，対象不動産，申請意思を確認する。

▲登録免許税は不動産価額×1,000分の15。

③（根）抵当権設定

□設定契約書
▲日付・債権（極度）額・利息・債務者（人数）を確認する。

△登記原因証明情報⎯⎯ 任意
□登記済証または登記識別情報
▲紛失（失効）している場合は，通常，本人確認情報の作成を行う（運転免許証等の写しが必要）。

□印鑑証明書（有効期間 3ヶ月）
□委任状（金融機関）
□委任状（設定者：実印）
▲実印について印鑑照合する（住所も印鑑証明書で確認する）。

△利益相反（法人）→取締役会議事録（株主総会議事録）・社員総会議事録
　（この場合，会社実印＋会社の印鑑証明書，取締役の個人の実印＋印鑑証明書が必要）⎯⎯ 任意
△利益相反（未成年）→特別代理人選任審判書⎯⎯ 任意

▲人，対象不動産，申請意思を確認する。
▲登録免許税は債権額×1,000分の4。

※△は任意を示します。

　さて，登記必要書類のほとんどは司法書士が作成する書類です。作成した書類に，当日に署名と押印をもらうことになります。当事者に準備してもらう必要がある書類は次の通りです。

各当事者に用意してもらう書類

①Z（抵当権者）に用意してもらう書類（抵当権抹消について）

□登記原因証明情報（抵当権解除証書など）
□登記識別情報または登記済証（平成9年2月2日受付第2800号のもの）
□Zの委任状

②B（売主）に用意してもらう書類（所有権移転登記について）

□登記識別情報または登記済証（平成7年3月2日受付第3061号のもの）
□印鑑証明書（発行後3ヶ月以内のもの）
□固定資産評価証明書（法定の添付書面ではありませんが，登録免許税算
　定のため必要）
□農地転用許可または届出受理通知書

③A（買主）に用意してもらう書類

□住民票の写し
□印鑑証明書（発行後3ヶ月以内のもの）

④株式会社X銀行（ローン先）に用意してもらう書類

□登記原因証明情報（抵当権設定契約証書等）
□Xの委任状（金融機関は所定の様式があることが多い）

（STEP4）　必要書類を手配する

　必要書類を3月31日までに準備するように各関係者に連絡をします。同
時に見積書も送信し，当日代金を受領できるように手配します。

▲4月1日になると固定資産評価額が変動し，登録免許税などにも影響がある
　可能性があるので注意！

STEP 5　申請意思，本人確認，必要書類の確認

　決済当日，もう一度登記情報の確認をし，決済現場に向かいます。決済現場では準備した書類に押印をもらい，STEP 4で前もって伝えてあった書類を預かります。そして，申請意思等と登記申請に必要な書類が全て揃っているかを確認します。

STEP 6　登記できることを確認

　確認事項に問題がなければ，登記名義を買主に変更できます。そこで，「お金を支払っていいですよ」との合図を金融機関に出します。
⚠ここから金融機関の処理があり，しばらく待機することもあります。

STEP 7　登記申請

　売主に着金があったことが確認できたら，登記申請を行います。登記の受付が無事になされたら，証明として，受領書や受付書の控えなどを金融機関に送ります。補正事項等が特になければ，一般的には1週間から10日ほどで登記が完了します。

STEP 8　登記完了書類を回収し，整理して返却

　完了書類を整理してお客様に返却します。

ワンポイント　農地法とは

　農地法は，国内の農地を守る法律です。農地の所有者が代わるような売買等をする場合には原則として許可がなければ効力が発生せず，所有権移転登記ができません。主に第3条，第4条，第5条にそれぞれの規制が設けられています。

● 農地を農地のまま売買するような場合には，「農地法第3条の許可」
● 農地を自分自身で潰す場合には，「農地法第4条の許可または市街化区域の場合に

は届出」

● 農地を潰して売るような場合には，「農地法第5条の許可または市街化区域の場合には届出」

　市街化区域（建物をどんどん建ててほしい区域）については，届出（一般的に1週間程度で完了）で足ります。

　しかし，そうでない場合には許可（数ヶ月かかることもある）が必要です。決済期日までに間に合うかを必ず事前に確認しておかなければなりません。

📖 **オリジナル問題**

問 登記記録上の地目は田であるが，現況は宅地である土地を売買した場合，その登記の申請情報と併せて農地法所定の許可があったことを証する情報の提供を必要としない。

答 誤り。登記記録上の地目が農地（田）であれば，農地法所定の許可書等の添付が必要となる。

3　売買（建物）の決済業務

CASE　ある日，事務所に大学時代の後輩Aが来所した。久しぶりの世間話に花を咲かせていたところ，「実は，今度中古住宅を買うことになったので先輩に登記手続きをやってほしいんだ。今回は，特に住宅ローンは組まず，妻Bと共同でお金を出して購入しようと思って」という話になった。そこで，受任することにした。Aによると物件の所在は，「名古屋市中区新町二丁目1番1」であった。

　まずは，次の事項を確認します。追加で確認しないといけない事項は次のとおりです。

依頼者に確認すること

□日付と時間（決済日時はいつか）
□場所（決済する場所はどこか）
□不動産仲介業者がいる場合には，その連絡先と担当者の氏名
□売買契約書などの資料のコピーを預かる
□AとBの共有持分割合※1
□住宅として購入するため，本物件への住所の移転時期（登録免許税の減
　税措置のため）※2

※1　今回の不動産については共同出資のため，例えば，以下のようにしてしまう
　　と，出資比率は2対1なのに，持分割合は1対1となってしまうため，場合に
　　よっては贈与税等の問題となる恐れがあり，後に持分更正登記が必要になるな
　　どのリスクがあるため税理士等への確認が必要です。
　　　　出資額　　　　　　持分割合
　　A　1,000万円　　　　2分の1
　　B　　500万円　　　　2分の1
※2　後述する登録免許税の軽減措置を受けるためには，今回の対象物件に居住す
　　ることの証明のため，原則としてAとBの住所を予め新住所としておかなけれ
　　ばなりません。

　持分更正登記については完了時は登記名義人とならない当事者には識別
通知されません。これについては，以下のように試験でも問われています。

試験ではこう出た！　司法書士試験（平22）

問　AからBに対する売買を登記原因とする所有権の移転の登記がされた後，登
　　記名義人をB及びC，各持分を2分の1とする所有権の更正の登記を申請し
　　た場合において，当該所有権の更正の登記が完了したときは，登記識別情報
　　は，Cには通知されるが，Bには通知されない。
答　正しい。登記識別情報は，申請人自らが登記名義人となる場合において，当
　　該申請人に対して通知されるため，新たに登記名義人とならないBについて
　　は通知されない（不動産登記法第21条本文）。

　追加確認事項の確認ができたら，順次手続きを進めます。

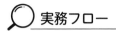

実務フロー

(STEP 1)　謄本を読む

　登記情報提供サービスで，登記記録を確認します。その結果，次のように
なっていたとします。

登記記録（土地の表示）

表題部（土地の表示）
調製（略）　不動産番号（略）　地図番号（略）
筆界特定（略）

所在	名古屋市中区新町二丁目	余白
①地番	②地目	③地積　㎡	原因及びその日付（登記の日付）
1番1	宅地	100.00㎡	余白

権利部（甲区）（所有権に関する事項）

順位番号	登記の目的	受付年月日・受付番号	権利者その他の事項
1	所有権移転	平成30年5月2日 第3061号	原　因　平成30年5月2日売買 所有者　名古屋市中区中央五丁 　　　　目1番1号 　　　　C 順位3番の登記を移記

登記記録（建物の表示）

表題部（建物の表示）
調製（略）　不動産番号（略）　地図番号（略）
筆界特定（略）

所在	名古屋市中区新町二丁目1番地1	余白
家屋番号	1番1	

①種類	②構造	③床面積　㎡	原因及びその日付（登記の日付）
居宅	木造かわらぶき2階建	1階　60.00㎡ 2階　55.00㎡	平成30年5月2日新築

権利部（甲区）（所有権に関する事項）

順位番号	登記の目的	受付年月日・受付番号	権利者その他の事項
1	所有権保存	平成30年5月2日第3062号	所有者　名古屋中区中央五丁目1番1号 C

⚠読み取りで特に注意しなければならないことは，「Cの住所に誤りがあること」と「床面積」です。Cの住所については，正しい住所が「名古屋市中区中央五丁目1番1号」であるところ，「名古屋中区中央五丁目1番1号」と『市』が抜けている状態です。そのため所有権登記名義人住所更正登記が必要となります（職権更正登記の場合を除く）。

また，床面積については，後述する登録免許税の関係で50㎡以上あるか？という確認が必要となります。

STEP 2　登記の流れを組み立てる

読み取った情報から，関係者に連絡します。そして，諸々の事項を確認のうえ，手続き全体の流れを組み立てます。

①住宅用家屋証明書を取得する（登録免許税の減税のため）
②所有権登記名義人住所更正登記（申請人C）
③所有権移転登記（権利者A，B・登記義務者C）

減税のための住宅用家屋証明書の例

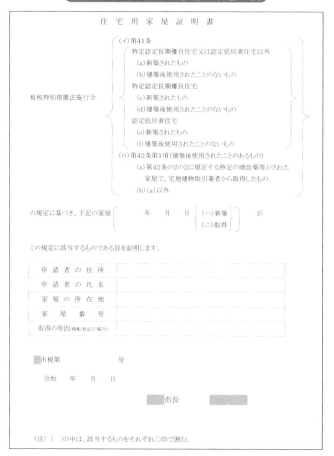

住 宅 用 家 屋 証 明 書

租税特別措置法施行令

(イ)第41条
　　特定認定長期優良住宅又は認定低炭素住宅以外
　　　(a)新築されたもの
　　　(b)建築後使用されたことのないもの
　　特定認定長期優良住宅
　　　(c)新築されたもの
　　　(d)建築後使用されたことのないもの
　　認定低炭素住宅
　　　(e)新築されたもの
　　　(f)建築後使用されたことのないもの
(ロ)第42条第1項(建築後使用されたことのあるもの)
　　　(a)第42条の2の2に規定する特定の増改築等がされた
　　　　家屋で、宅地建物取引業者から取得したもの
　　　(b)(a)以外

の規定に基づき、下記の家屋 ｛ 　年　月　日 ｝ ｛(ハ)新築｝ ｛(ニ)取得｝ が

この規定に該当するものである旨を証明します。

申 請 者 の 住 所	
申 請 者 の 氏 名	
家 屋 の 所 在 地	
家 屋 番 号	
取得の原因(移転登記の場合)	

▨市税第　　　　　号

令和　年　月　日

▨▨市長　▨▨▨▨▨

(注) 〔　〕の中は、該当するものをそれぞれ○印で囲む。

(STEP 3) 登記に必要書類一覧と見積書を作成する

(STEP 2)の流れの手続きで必要となる書類を整理します。各当事者に用
意してもらう書類は次の通りです。

各当事者に用意してもらう書類

①C（売主）に用意してもらう書類
□所有権登記名義人住所更正登記についての住民票の写し
　※場合によっては追加書類が必要の可能性あり
□所有権移転登記についての登記識別情報または登記済権利書（平成30年
　5月2日受付第3061号のもの）
□印鑑証明書（発行後3ヶ月以内のもの）
□固定資産評価証明書（法定の添付書面ではありませんが，登録免許税算
　定のため必要）

②A及びB（買主）に用意してもらう書類
□住民票の写し

（STEP 4）必要書類の手配

　必要書類一覧を決済日までに準備できるように各関係者に連絡をします。同時に見積書を送信し，当日代金を受領できるように手配します。

▲今回のケースは，居住用なので登録免許税が軽減されます。

（STEP 5）申請意思，本人確認，必要書類を確認

　決済当日，もう一度登記情報を確認して決済現場に向かいます。決済現場では準備した書類に押印をもらい，（STEP 4）で前もって伝えてあった書類を預かります。そして，申請意思等と登記申請に必要な書類が全て揃っているかを確認します。

（STEP 6）登記できることを確認

　確認事項に問題がなければ，登記名義を買主に変更できます。そこで，「お金を支払って大丈夫」との合図をします。

▲ここから金融機関の処理があり，しばらく待機することもあります。

STEP 7　登記申請

　売主に着金があったことが確認できたら，市区町村役場税務部署にて住宅用家屋証明書（減税証明書）を取得し，いよいよ登記申請をします。法務局の混み具合によりますが，特に補正事項等がなければ，一般的には1週間から10日ほどで登記が完了します。

STEP 8　登記完了書類を回収し，整理して返却

　完了書類を整理してお客様に返却します。

ワンポイント　　**登録免許税の減税とは**

　居住用の建物を購入する際，登録免許税の軽減措置で税率が引き下げられる場合があります。

● 新築建物の所有権保存登記　0.4%　→　0.15%
● 中古建物の所有権移転登記　2.0%　→　0.3%に，それぞれ軽減されます。

　建物の場合，登記簿上の床面積が50㎡以上でないと軽減されません。上限はありませんが，ワンルームマンション等のような物件の場合には床面積が50㎡以上となっているかについて注意します。

📖 **試験ではこう出た！**　　**宅建試験（令3（12月））**

問　住宅用家屋の所有権の移転登記に係る登録免許税の税率の軽減措置の適用対象となる住宅用家屋は，床面積が100㎡以上で，その住宅用家屋を取得した個人の居住の用に供されるものに限られる。

答　誤り。住宅用家屋の床面積が50㎡以上であれば，軽減措置の対象となる（租税特別措置法73条，令42条1項1号，41条1号）。

2　新築建物と登記
建物表題登記と所有権保存登記

1　建物を新築したら

　建物を新築した場合，建物表題登記と所有権保存登記を行います。建物表題登記とは，建物を新築したときに最初にする登記です。建物の物理的な状況等について，以下の事項が一般的に記載されます。

- 所在・家屋番号・種類・構造・床面積
- 所有者の住所・氏名

　新築されたときの登記なので，まだ建築中のような場合には，建物表題登記の申請を行えません。建物の現在の完成状況については注意しなければなりません。

⚠建物表題登記は義務です。新築した建物の所有権を取得した者は，その所有権の取得の日から1ヶ月以内に，建物表題登記の申請をしなければなりません（不動産登記法第47条）。怠ったときは，10万円以下の過料に処せられます（不動産登記法第164条）。

⚠建物表題登記の専門家は土地家屋調査士です。ほとんどのケースでは，専門家である土地家屋調査士に依頼することになります。

①　新築建物についての立会・決済の登場人物

登場人物は一般的に以下の通りです。司法書士は関係者から情報を収集します。

- 建築主であるお客様
- ハウスメーカーまたは工務店などの建築業者
- 金融機関（住宅ローンを組むなどの金融機関から融資を受ける場合）
- 土地家屋調査士

②　スケジュール感

新築の場合，まだ登記記録がありません。建物表題登記が完了しなければ所有権保存登記や住宅ローンなどによる抵当権設定登記ができません。そのため，土地家屋調査士と連携しながら建物表題登記を進めます。

2　新築建物と建物表題登記・所有権保存登記・抵当権設定登記

具体的なケースを見ていきましょう。

CASE　久しぶりに大学の同級生Aから電話があり，一緒にご飯を食べることとなった。お互いの近況報告後，Aは「今の住まいは少し狭いので，新しく父Bの土地に家を建てることとなったのでその手続きをお願いしたい」と依頼された。今回建築を担当する工務店は「甲工務店」で，建築場所は「名古屋市中区新町二丁目1番1」とのことであった。

追加で確認しないといけない事項は次のとおりです。

依頼者に確認すること

□確認済証および検査済証について
□建物の完成状況
⚠もし完了検査前であれば，建物としてみられる状態か？　の確認のため
　現在の建物の足場や内装（水周りやクロス貼りの状況）も見る。

□引き渡し予定日と金融機関の融資実行日について
△所有者は確認済証記載のとおりでよいか
□工務店の担当者連絡先
□金融機関の担当者連絡先
□建物は共有か？　単有か？　について

土地家屋調査士に伝えること

□引き渡し予定日と金融機関の融資実行日について
□依頼する登記の内容（建物表題登記以外に建物滅失や地目変更登記など）
　について
□建物の完成状況（現在の建物の足場や内装（水周りやクロス貼りの状況
　の確認））について
□建物が共有か？　単有か？　について

追加確認事項の確認ができたら，順次手続きを進めます。

実務フロー

(STEP 1)　土地の謄本を読む

　登記情報提供サービスで登記記録を確認します。その結果，次のように
なっていたとします。

登記記録

表題部（土地の表示）
調製（略）　不動産番号（略）　地図番号（略）
筆界特定（略）

所在	名古屋市中区新町二丁目	余白
①地番	②地目	③地積　㎡	原因及びその日付（登記の日付）
1番1	雑種地	100㎡	余白

権利部（甲区）（所有権に関する事項）

順位番号	登記の目的	受付年月日・受付番号	権利者その他の事項
1	所有権移転	平成24年5月2日 第23456号	原　因　平成24年5月2日売買 所有者　名古屋市中区中央五丁目1番1号 　　　　B 順位3番の登記を移記

⚠読み取りで特に注意しなければならないことは，表題部に記載されている
「地目」です。

　今回のケースは，建物が新築されることにより，地目が「宅地」に変更
になります。そのため，建物表題登記と合わせて土地の地目変更登記も行
わなければなりません。

⚠金融機関の融資を受ける場合，地目変更登記が融資条件となることも多いで
す。地目変更登記を行うと，抵当権設定登記申請書などの不動産の表示も変
更されるため，司法書士は注意しておかなければなりません。

(STEP 2)　登記の流れを組み立てる

　読み取った情報から，関係者に連絡します。そして，諸々の事項を確認
のうえ，手続きの流れを組み立てます。

①建物表題登記，地目変更登記（土地家屋調査士業務）
②住宅用家屋証明書の取得（登録免許税減税のため）

③所有権保存登記（所有者Aがする）

④抵当権設定登記（権利者は株式会社X銀行，登記義務者はA，Bとなる）

(STEP 3)　必要書類を確認して登記申請する

　　登記で必要となる書類を確認して整理します。

登記に必要な書類

①建物表題登記
□確認済証
□検査済証
⚠検査済証が出る前に建物表題登記をする場合には，「工事完了引渡証明書
　（建築工事請負人の押印と印鑑証明書）」などが必要となるが詳しくは土
　地家屋調査士に確認する。

□住民票
□委任状（認印可）

②所有権保存登記
□住民票
□委任状（認印可）
□住宅用家屋証明書（減税証明）

③抵当権設定登記
□抵当権設定契約証書（登記原因証明情報）
□登記識別情報または権利書
□A（建物所有者）およびB（土地所有者）の印鑑証明書（発行後3ヶ月
　以内のもの）
□A（建物所有者）およびB（土地所有者）の委任状（実印にて押印した
　もの）
□株式会社X銀行の委任状（通常は，金融機関にて用意されることが多い）

　　最後に，今回の新築建物に必要な登記が完了するまでの流れをまとめる
と次の通りです。

①建物の建築

建物の底地の地目が「畑」等の場合には，事前に農地法の許可・届出の申請をする必要があるので注意。証明書発行までに，届出の場合は申請から約1週間，許可の場合は申請から数ヶ月かかる。

②建物完成

足場が外れてないなどの建物が完成していないと思われる状況の場合には，直ぐに建物表題登記の申請ができない可能性がある。お客様の承諾をもらえたら土地家屋調査士に早めに情報を伝える。

③金融機関や工務店などの各関係者への連絡

建物の工事状況や抵当権設定登記の書類の受領時期等について打ち合わせをする。

④土地家屋調査士の現地調査および建物表題登記について申請

例えば，確認済証の建築主がA単独名義で記載されているところを持分2分の1ずつ，「AとBの共有名義」にして建物表題登記をする場合，確認済証の記載よりもAの持分が減り不利益。申述書（Aの実印で押印）と印鑑証明書が必要となる可能性がある（詳しくは，土地家屋調査士に相談）。

⑤法務局へ建物表示登記（建物表題登記）の申請

申請から登記完了までの期間は通常1～2週間（法務局の混雑状況により異なる）。

⑥建物表示登記（建物表題登記）の完了後，所有権保存登記及び抵当権設定登記の申請

表題登記が完了したら住宅用家屋証明書（減税証明書）を取得し，所有権保存登記及び抵当権設定登記を申請する。完了まで約1週間かかる（法務局の混雑状況により異なる）。

ワンポイント　**建物表題登記を申請する際の注意点**

　金融機関が関係する建物表題登記をする際に，下記の登記をしなければならない場合があります。

● 建物滅失登記：直近で土地を購入している場合等は大丈夫なことが多いですが，建物を新築する前に，以前建っていた建物を取り壊した場合等には，従前の建物について滅失の登記をしなければなりません。
● 土地の地目変更登記：建物を新築した場合，その底地の地目が「宅地」以外になっている場合には，「宅地」に変更するための地目変更登記をしなければなりません。

　また，地目が「田」や「畑」（農地）になっている場合には，農地法の許可・届出を得たうえで，地目変更登記をしなければなりません。

● 建物滅失有り⇒（取り壊し日　平成○年○月○日）などを確認します。
● 地目変更有り⇒地目が雑種地の場合は特に何もしませんが，農地（田，畑など）の場合には農地転用許可証の必要も追加で確認して土地家屋調査士につなぎます。

　さらに，確認済証の申請者と登記名義人となる者が異なる場合には，確認済証の申請者と登記名義人に印鑑証明書を用意してもらったうえ，申述書などに実印で押印してもらう必要があります。

ワンポイント　**不動産共有の注意点**

　共有にすることで贈与税や融資実行に影響が出る可能性があるため注意が必要です。

　また，共有者は，単独で所有権保存登記を行えますが，この場合，申請人ではない他の共有者には登記識別情報が通知されないので注意が必要です。

📖 試験ではこう出た！　**司法書士試験（平26）**

問　A及びBが表題部所有者である所有権の登記がない建物について，Aは，A及びBを登記名義人とする所有権の保存の登記を単独で申請することができる。

答　正しい。表題部所有者が数人いる場合には，共有者の1人から保存行為として所有権保存登記ができる。

3

住宅ローンの借換
債務者の変更がある場合

> **CASE**　日ごろから付き合いのある知人Ａから相談を受けた。「住宅ローンの金利の見直しをしていたら，現在の金利が高い。金利の安い住宅ローンに借換えたい」とのことであった。既に金融機関とも話が進んでいて，住宅ローンはＡ自身が単独で負担する予定とのことであった。物件の所在は，「横浜市鶴見区新町二丁目１番１」であった。

　住宅ローンの借換とは，既に住宅ローンを組んでいる人が，新しく金融機関から住宅ローンの融資を受け，既存の住宅ローンを返済することです。主に金利の見直しや固定・変動などの金利タイプの見直し，リフォームをする際などに検討します。追加で確認しないといけない事項は次のとおりです。

依頼者に確認すること

☐借換の実行日
☐抵当権解除書類の受領の方法
☐税理士への相談の有無

　追加確認事項の確認ができたら，順次手続きを進めます。

🔍 実務フロー

（STEP 1）　謄本を読む

　登記情報提供サービスにより登記記録を確認します。その結果，気になる箇所を抜粋すると次のようになっていたとします。

登記記録

表題部（土地の表示）
調製（略）　不動産番号（略）　地図番号（略）
筆界特定（略）

所在	横浜市鶴見区新町二丁目	余白
①地番	②地目　③地積　㎡	原因及びその日付（登記の日付）
1番1	宅地　100.00㎡	余白

権利部（甲区）（所有権に関する事項）

順位番号	登記の目的	受付年月日・受付番号	権利者その他の事項
1	所有権移転	平成3年3月2日第2000号	原　因　平成3年3月2日売買 所有者　横浜市鶴見区新町二丁目1番地の1 　　　　持分2分の1　　A 　　　　横浜市鶴見区新町二丁目1番地の1 　　　　持分2分の1　　B

権利部（乙区）（所有権以外の権利に関する事項）

順位番号	登記の目的	受付年月日・受付番号	権利者その他の事項
1	<u>抵当権設定</u>	平成9年2月2日第2800号	原　因　平成9年2月2日金銭消費貸借同日設定 債権額　金5,000万円 損害金　年14.00%（年365日日割計算） 連帯債務者 　　　　<u>横浜市鶴見区新町二丁目1番地の1</u> 　　　　A 　　　　<u>横浜市鶴見区新町二丁目1番地の1</u> 　　　　B 抵当権者　横浜市中区中央五丁目1番1号 　　　　　株式会社Z銀行

⚠️読み取りで特に注意しなければならないことは，乙区１番に記載されている「債務者」です。

　登記記録から，現在の債務者は，連帯債務者A，Bとわかります。しかし，新たに借入する住宅ローンについては，A単独で負担するつもりのようです。つまり，借換で債務者がAとBからA単独に変わります。

⚠️金銭的な贈与があれば贈与税の課税対象です。単独名義とする際には，たとえ家族間であっても，Bに贈与が発生したとみなされる可能性があります。必ず税理士等に相談をしてから進めていくように注意しましょう。

(STEP 2)　登記の流れを組み立てる
　登記は，以下のように行います。

①抵当権設定（新しい住宅ローンについての設定）
②抵当権抹消（従来の住宅ローンについての抹消）
③必要あれば，B持分全部移転登記（登記原因：年月日代物弁済など）

　Aが単独で債務を負担し，Bは自己の債務を免れます。Aに対して代わりにB持分を移転させるとの流れを組めば，税務上も贈与とならない取り扱いの可能性があります。住宅ローンについては，連帯債務者Bを外すこととなるため，B持分全部移転登記（年月日代物弁済）などを検討します。

⚠️詳しくは必ず税理士などの専門家に相談するようにしましょう。

> 📖 **試験ではこう出た！　司法書士試験（令3）**
>
> **問**　代物弁済の契約が締結されれば，代物弁済の契約で定められた給付が現実になくても，弁済と同一の効力は生じる。
>
> **答**　誤り。給付を完了しなければ，債務は消滅しないため。
> 弁済をすることができるものが，債権者との間で，債務者の負担した給付に代えて他の給付をすることにより債務を消滅させる旨の契約をした場合，その弁済者が当該他の給付をしたときは，その給付は，弁済と同一の効力を有する（民法第482条）。

(STEP 3)　登記申請

　登記申請を行います。補正事項等が特になければ，1週間から10日ほどで登記が完了します。

(STEP 4)　登記完了書類を回収し，整理して返却

　完了書類を整理してお客様に返却します。

ワンポイント　根抵当権の借換え

　元本確定前の根抵当権を借換で抹消する場合は，既存債務を完済しても付従性により消滅しません。この点は抵当権と異なります。

⚠抹消登記の申請は，新たな抵当権または根抵当権設定の登記申請と同日で行わなければならない可能性が高くなります。金融機関にも確認が必要です。

4　不動産の相続
未成年者がいる場合

> **CASE**　令和4年8月1日，事務所に甲野二郎と甲野花子が来所した。甲野二郎の父甲野太郎が数年前に亡くなり，田舎にある亡甲野太郎名義の土地の名義を変更したいとの相談であった。甲野太郎には配偶者甲野花子と甲野二郎（未成年者）があり，2人の間で「土地については，甲野二郎が相続する」と話がまとまっていた。その手続きの依頼であった。甲野太郎，甲野花子，甲野二郎の住所地は，「名古屋市中区新町101番地」，物件の所在は「名古屋市中区新町二丁目1番1」であった。

追加で確認しないといけない事項は次のとおりです。

依頼者に確認すること

□甲野太郎の遺言書があるか
□甲野太郎の最後の住所地と本籍地はどこか
□手元にある戸籍謄本はどのようなものか
□固定資産評価証明書等の評価額のわかる資料はあるか

追加確認事項の確認ができたら，順次手続きを進めます。

実務フロー

(STEP 1)　土地の謄本を読む

登記情報提供サービスで，登記記録を確認します。その結果，次のようになっていたとします。

登記記録

表題部（土地の表示）
調製（略）　不動産番号（略）　地図番号（略）
筆界特定（略）

所在	名古屋市中区新町二丁目	余白	
①地番	②地目	③地積　㎡	原因及びその日付（登記の日付）
１番１	畑	100㎡	余白

権利部（甲区）（所有権に関する事項）

順位番号	登記の目的	受付年月日・受付番号	権利者その他の事項
1	所有権移転	平成１年６月21日 第23456号	原　因　平成１年６月21日売買 所有者　名古屋市中区新町101 　　　　番地 　　　　甲野太郎 順位３番の登記を移記

(STEP 2)　戸籍謄本を読む

　次に，甲野二郎から受領した戸籍謄本（48頁）を見て以下を確認します。

- 甲野太郎の出生から死亡までの戸籍謄本が揃っているか。
- 甲野太郎の法定相続人は聴取した内容と相違ないか。

　確認したところ，甲野太郎の遺言書は作成されておらず，また法定代理人については甲野二郎と甲野花子の２名で相違ありませんでした。しかし，甲野二郎が令和４年現在において未成年者です。不動産を相続する人の決め方として，次のパターンがあります。

3つのパターン

①被相続人が残した遺言書のとおり相続する人を決める	遺言書による相続登記
②相続人同士での話し合いで相続する人を決める	遺産分割協議による相続登記
③民法既定の相続割合に応じて各相続人が相続する	法定相続分による相続登記

　「遺言書が作成されていない」,「甲野二郎のみに不動産を取得させたい」の理由から,甲野二郎と甲野花子の遺産分割協議による相続登記が必要です。

　ここで,未成年者である甲野二郎と親権者である甲野花子との間で遺産分割協議を行うと,利益相反行為に該当します。そこで,まず特別代理人を選任し,裁判所に申し立てます。申し立てた結果,「特別代理人 丙野三郎」が選任されたとします。

(STEP 3) 書類の作成をし,押印をもらう

　特別代理人が選任されたので,遺産分割協議書など登記に必要な書類に実印で押印をもらい,登記申請手続きを行います。

相続登記の必要書類

☐被相続人甲野太郎の出生から死亡までの戸籍謄本
☐被相続人甲野太郎の住民票の除票
☐相続人全員（甲野花子,甲野二郎）の戸籍謄本
☐遺産分割協議書（甲野花子と特別代理人丙野三郎の実印で押印）
☐相続人全員の印鑑証明書（甲野花子と特別代理人丙野三郎のもの）
☐特別代理人選任審判書
☐固定資産評価証明書
☐委任状

戸籍謄本

	全 部 事 項 証 明	
本　籍	岐阜県各務原市新町一丁目101番地	本籍地が岐阜のため最終住所地と異なっている
氏　名	甲野太郎	
戸籍事項	【改製日】平成14年2月16日	
戸籍改製	【改製事由】平成6年法務省令第51号附則第2条第1項による改製	
戸籍に記録されている者	【名】太　郎	平成14年2月16日に改製によりこの戸籍が作られている そのため，岐阜県各務原市新町一丁目101番地の改正原戸籍を追加で請求したどっていく
除　籍	【生年月日】昭和45年1月1日 【父】甲野父郎 【母】甲野母子 【続柄】長男	
身分事項 　　　出　生	【出生日】昭和45年1月1日 【出生地】岐阜県各務原市 【届出日】昭和45年1月1日 【届出人】父	
死　亡	【死亡日】平成23年1月1日 【死亡時分】午後1時00分 【死亡地】岐阜県各務原市 【届出日】平成23年1月1日 【届出人】親族　甲野花子	死亡日によって，相続人や相続分が異なるので注意 ・明治31年7月16日～昭和22年5月2日 　⇒旧民法 ・昭和22年5月3日～昭和22年12月31日 　⇒応急措置法 ・昭和23年1月1日～昭和37年6月30日 　⇒新民法 ・昭和37年7月1日～昭和55年12月31日 　⇒新民法（昭和37年改正） ・昭和56年1月1日～現在⇒新民法（昭和56年改正）
戸籍に登録されている者	【名】花　子	
	【生年月日】昭和43年1月1日 【父】乙野父郎 【母】乙野母子 【続柄】長女	
身分事項 　　　出　生	【出生日】昭和43年1月1日 【出生地】岐阜県各務原市 【届出日】昭和43年1月1日 【届出人】父	
婚　姻	【婚姻日】昭和63年5月1日 【配偶者氏名】甲野太郎 【従前戸籍】愛知県名古屋市中区新町101番地　乙野父郎	
配偶者の死亡	【配偶者の死亡日】平成23年1月1日	
戸籍に登録されている者	【名】二　郎	令和4年8月1日では，未成年であると分かる
	【生年月日】平成20年6月1日 【父】甲野太郎 【母】甲野花子 【続柄】長男	
身分事項 　　　出　生	【出生日】平成20年6月1日 【出生地】岐阜県各務原市 【届出日】平成20年6月1日 【届出人】父	

STEP 4　登記申請

登記申請を行います。特に補正事項等がなければ，一般的には1週間から10日ほどで登記が完了します。

STEP 5　登記完了書類を回収し，整理して返却

完了書類を整理してお客様に返却します。

> **ワンポイント　未成年者から司法書士への委任状**
>
> 　未成年者でも登記申請の当事者になれます。ただし，未成年者自身が単独で司法書士への委任状を作成できません。登記申請委任に関して，法定代理人の同意が必要です。

⚠法定代理人であることを証明するためには，戸籍謄本（3ヶ月以内）などが必要となります。

> **📖 試験ではこう出た！　司法書士試験（平19）**
>
> **問**　登記の申請について当事者である未成年者の単独親権者から委任を受けた場合において，当該親権者が家庭裁判所から親権の喪失の宣告を受けたときは，当該委任による代理人の権限は消滅する。
>
> **答**　誤り。登記の申請をする者の委任による代理人の権限は，法定代理人の代理権の消滅によっては消滅しない（不動産登記法第17条第4号）。したがって，未成年者の単独の親権者から登記申請の委任を受けた者は，その後当該親権者が親権を喪失しても，登記申請の代理権を失うものではない。

所有権登記名義人の住所変更

登記簿上の住所と現在の住所が一致しない場合

> **CASE**　友人である甲野太郎が,「債務完済に伴い金融機関から抵当権抹消登記に関する書類が届いたので, この書類を使って抹消して欲しい」と依頼してきた。物件の所在は,「名古屋市中区新町二丁目1番1」とのことであった。運転免許証を確認すると甲野太郎の現在の住所は「名古屋市中区新町二丁目1番地1」となっていた。

抵当権抹消登記の書類は揃っているケースです。

 実務フロー

(STEP 1)　謄本を読む

登記情報提供サービスにより, 登記記録を確認します。その結果, 気になる箇所を抜粋すると次のようになっていたとします。

登記記録

表題部（土地の表示）
調製（略）　不動産番号（略）　地図番号（略）
筆界特定（略）

所在	名古屋市中区新町二丁目		余白
①地番	②地目	③地積　㎡	原因及びその日付（登記の日付）
1番1	宅地	100.00㎡	余白

権利部（甲区）（所有権に関する事項）

順位番号	登記の目的	受付年月日・受付番号	権利者その他の事項
1	所有権移転	平成1年2月25日 第2000号	原　因　平成1年2月25日売買 所有者　<u>名古屋市東区本町二丁</u> <u>目1番地1</u> <u>甲野太郎</u>

権利部（乙区）（所有権以外の権利に関する事項）

順位番号	登記の目的	受付年月日・受付番号	権利者その他の事項
1	抵当権設定	平成1年3月5日 第2800号	原　因　平成1年3月5日金銭 　　　　消費貸借同日設定 債権額　金5,000万円 損害金　年14.00％（年365日 　　　　日割計算） 債務者　名古屋市東区本町二丁 　　　　目1番地1 　　　　甲野太郎 抵当権者　名古屋市中区中央五 　　　　丁目1番1号 　　　　株式会社Z銀行

（STEP 2）　登記の流れを組み立てる

　登記記録から，甲野太郎の住所が変更されていることがわかります。そのため，いきなり抵当権抹消登記をすることはできません。住所を変更する登記が必要です。つまり，以下の流れで登記を行うことになります。

①所有権登記名義人住所変更（住所を変更する）
②抵当権抹消

　登記簿上の住所と現在の住所がつながる書類（住民票等）が準備できるかがポイントです。

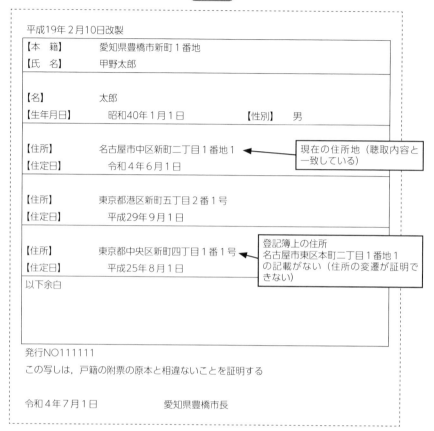

【住民票】

平成19年2月10日改製

| 【本　籍】 | 愛知県豊橋市新町1番地 |
| 【氏　名】 | 甲野太郎 |

| 【名】 | 太郎 |
| 【生年月日】 | 昭和40年1月1日 | 【性別】　　男 |

| 【住所】 | 名古屋市中区新町二丁目1番地1 | 現在の住所地（聴取内容と一致している） |
| 【住定日】 | 令和4年6月1日 |

| 【住所】 | 東京都港区新町五丁目2番1号 |
| 【住定日】 | 平成29年9月1日 |

| 【住所】 | 東京都中央区新町四丁目1番1号 | 登記簿上の住所
名古屋市東区本町二丁目1番地1
の記載がない（住所の変遷が証明できない） |
| 【住定日】 | 平成25年8月1日 |

以下余白

発行NO111111

この写しは，戸籍の附票の原本と相違ないことを証明する

令和4年7月1日　　　　　　愛知県豊橋市長

　住民票からは，登記簿上の「名古屋市東区本町二丁目1番地1」から新たな住所へ異動した履歴が確認できません。このように，戸籍の附票などから住所のつながりを証明できない場合には，以下を取得します。

住所のつながりを証明できない場合に必要な書類

☐不在住証明書（「現在名古屋市東区本町二丁目１番地１の住所地に甲野太郎の住民登録がない」ことを証明）
☐不在籍証明書（「現在名古屋市東区本町二丁目１番地１の住所地に甲野太郎の戸籍がない」ことを証明）
☐不動産の登記済証（または登記識別情報）※１
☐上申書（＋印鑑証明書）※２

※１　不動産の所有者であることを証明する書類の１つ。
※２　上申書は申請先の法務局に対して「登記に記載されている甲野太郎と私は同一人物で間違いありません」と示す書類。

⚠事前に管轄の法務局に確認して申請することが大切です。

⚠外国籍の方が住所変更登記をする際に住民票で住所がつながらない場合には，上申書等が使用できない場合がありますので注意が必要です。

(STEP 3) 登記申請

　住所がつながらないことに対する追加書類も全て準備できたので登記申請を行います。補正事項等が特になければ，１週間から10日ほどで登記が完了します。

(STEP 4) 登記完了書類を回収し，整理して返却

　完了書類を整理してお客様に返却します。

> **ワンポイント**　外国籍の住所変更
>
> 　平成24年７月９日以降は，外国籍でも住民票が発行されます。平成24年７月９日
> 以降の住所移転であれば，住民票で住所履歴を確認すれば足ります。平成24年７月
> ９日より前の住所移転は，住民票の履歴に記載されません。それ以前の住所の履歴
> を確認するには，出入国在留管理庁に外国人登録原票の開示請求をする必要があり
> ます。

⚠️この請求は司法書士が代行して取得することができず，郵送で請求する場合，
１週間～２週間程度の時間がかかるので注意が必要です。

> **📖 試験ではこう出た！**　**司法書士試験（平21）**
>
> **問**　抵当権の登記の抹消を申請する場合において，当該抹消の登記権利者の住所
> 　　　に変更を生じているときは，申請情報と併せて当該変更を証する情報を提供
> 　　　すれば足りる。
>
> **答**　誤り。申請情報の登記権利者（所有権の登記名義人）の表示が登記記録と符
> 　　　合しない場合には，抵当権の抹消登記の前提として，所有権登記名義人の住
> 　　　所又は氏名の変更の登記を申請することを要する（登研355号）。

6　抵当権抹消登記
事前通知制度を利用する場合

> **CASE**　「住宅ローンを完済したので，その手続きをして欲しい」とのA
> から相談があった。完済をしたのは平成20年4月1日で，金融機関（株式
> 会社Z銀行）から送られてきた抵当権抹消登記に関する書類は「ずいぶん
> 昔なので紛失してしまい既に手元にない」ということであった。
> 　運転免許証を確認するとAの現在の住所は「名古屋市中区新町二丁目1
> 番地1」であった。

　Aが抵当権抹消登記に関する書類を紛失してしまっていることに注意が
必要です。金融機関に「抵当権抹消登記の書類の再発行手続」を行います。
　依頼を受けた金融機関は，Aが住宅ローンを完済したことを再度確認し
たうえで，書類の再発行の手続きをします。再発行の手続きには，数週間
程かかります。また，「登記識別情報または登記済証」は一緒に再発行で
きません。
　抵当権抹消登記の際には抵当権設定登記を受けた際に発行された登記識
別情報または登記済証を添付します。
⚠今回はこれを用意できないので，代わりに「事前通知」の手続きをします。

ワンポイント　　**事前通知制度とは**

　事前通知制度は，法務局から「このような登記申請がされていますけど間違いあ
りませんか？」といった通知書を登記申請者に送り，登記名義人から「間違いない」
旨の申し出があった場合に，登記識別情報がなくても登記可能になる制度です。通
知発送から2週間以内（登記名義人の住所が外国の場合は4週間以内）の登記名義

人からの承諾が必要です。登記名義人は，57頁のような書類の回答欄に署名し，押印して登記所に持参または郵送します。

⚠登記義務者である金融機関の委任状には実印が押印されていないといけません。

⚠事前通知制度は，法務局と申請人との間で郵送のやり取りがあるため，通常よりも時間がかかります。さらに，申出期間内に登記名義人からの申出がなかった場合には，却下又は取下げ手続きしないといけません。決済などで抹消期限がある場合には注意が必要です。

　事前通知制度を利用する場合の抵当権抹消登記に関する必要書類は以下の通りです。

抵当権抹消登記（事前通知制度を利用する場合）の必要書類

□登記原因証明情報（抵当権解除証書など）
□Aの委任状
□株式会社Z銀行の委任状（実印で押印）
□株式会社Z銀行の印鑑証明書（事前通知制度を利用する場合）

　通常の抵当権抹消登記と異なり，登記義務者である株式会社Z銀行の実印と印鑑証明書が必要です。さらに，再発行手続きから抵当権抹消登記完了までにかかる期間が通常よりも長いです。

⚠決済時の連件や後日売却がある場合には，事前に抹消しておかなければならないことが多いため，登記完了に期限がないかを依頼者に確認しましょう。

事前通知書の例

文書第×××号
令和×年×月×日

×××殿
　　　何市区郡何町村大字何字何何番地
　　　　法務局　　　　出張所
　　　　登記官　　×××　　　　　　　　　　　職印
　　　　　　　　　　　　　　　　　　　　　　　登記官印

　下記の通り登記の申請がありましたので，不動産登記法第23条第1項の規定に基づき，この申請の内容が真実かどうかお尋ねします。
　申請の内容が真実である場合には，この書面の「回答欄」に氏名を記載し，申請書又は委任状に押印したものと同一の印を押印して×月×日までに，登記所に持参し，又は返送してください。

記

登記の申請の内容
（1）不動産所在事項及び不動産番号
（2）登記の目的
（3）受付番号
（4）登記原因
（5）申請人
（6）通知番号

事前通知に基づく申出書

回答欄
　この登記の申請の内容は真実です。
　　　　　氏名　　　　　　　　　　　印

株式会社Ｚ銀行の実印
（委任状と同じ印鑑）で押印

※注意
　なお，この書面の内容に不明な点がありましたら，直ちに上記の登記所に連絡してください。
　連絡先電話番号　×××－×××－××××

試験ではこう出た！ **司法書士試験（平23）**

問 電子情報処理組織を使用する方法で不動産登記の申請の手続をした場合であっても，登記義務者に対する事前通知は，書面を送付してされ，登記義務者から申請の内容が真実である旨の申出も，書面ですることを要する。

答 誤り。書面申請か電子申請かを問わず，事前通知は，書面を送付する方法による（不動産登記規則第70条第1項）。しかし，登記義務者からの申請の内容が真実である旨の申出は，書面申請の場合には，書面を登記所に提出する方法により行うが，電子申請の場合には，事前通知の書面の内容を通知番号等を用いて特定し，申請の内容が真実である旨の情報に電子署名を行った上，登記所に送信する方法によらなければならない（不動産登記規則第70条第5項）。

実務フロー

STEP1 謄本を見る

登記情報提供サービスにより登記記録を確認します。

登記記録

表題部（一棟の建物の表示）
調製（略） 不動産番号（略） 地図番号（略）
筆界特定（略）

所在	名古屋市中区新町二丁目1番地1	余白	
建物の名称	ふくしまマンション名古屋東館		
①構造	②床面積 ㎡		原因及びその日付（登記の日付）
鉄筋コンクリート陸屋根2階建	1階 300.00㎡ 2階 300.00㎡		平成11年2月1日

表題部（敷地権の目的である土地の表示）

土地の符号	所在及び地番	地目	地積	登記の日付
1	名古屋市中区新町二丁目1番地1	宅地	1000.23㎡	平成11年2月1日

表題部（専有部分の建物の表示）

家屋番号	名古屋市中区新町二丁目1番地1の201	余白
建物の名称	201	余白
①種類	②構造	③床面積　㎡	原因及びその日付（登記の日付）
居宅	鉄筋コンクリート造1階建	2階部分 55.00㎡	平成11年1月20日新築

表題部（敷地権の表示）

①土地の符号	②敷地権の種類	③敷地権の割合	登記の日付
1	賃借権	100分の9	平成11年1月20日敷地権（平成11年2月24日）
所有者	名古屋市千種区新町1番1号　株式会社フクシマハウス		

権利部（甲区）（所有権に関する事項）

順位番号	登記の目的	受付年月日・受付番号	権利者その他の事項
1	所有権保存	平成11年6月5日第11000号	所有者　名古屋中区新町二丁目1番地1　A

権利部（乙区）（所有権以外の権利に関する事項）

順位番号	登記の目的	受付年月日・受付番号	権利者その他の事項
1	抵当権設定	平成11年6月5日第11001号	原因　平成11年6月5日金銭消費貸借同日設定 債権額　金5,000万円 損害金　年14.00％（年365日日割計算） 債務者　名古屋市中区新町二丁目1番地1　A 抵当権者　名古屋市中区中央五丁目1番1号　株式会社Z銀行

STEP 2　登記の流れを組み立てる

　Ａの登記簿上の住所と運転免許証記載の住所が異なります（「市」が抜けている）。今回の登記は，「所有権登記名義人住所変更（Ａの住所変更）」，「抵当権抹消登記（住宅ローン完済に伴う抹消）」の順になります。

　見落としてはいけないのが敷地権の種類です。「賃借権」となっているため登録免許税が問題となります。

　まず，所有権登記名義人の住所変更登記に関しては，敷地権の種類に関わらず敷地権分の登録免許税がかかります。「専有部分１つ」＋「敷地権（賃借権）１つ」のため，登録免許税は1,000円×２個（不動産数）＝2,000円です。

　抵当権抹消登記に関しては，抵当権を賃借権に設定することはできず効力が及びません。それゆえ登録免許税は「専有部分１つ」のみで，1,000円×１個（不動産数）＝1,000円です。

⚠間違って納付すると還付手続きが必要になるため，注意が必要です。

STEP 3　登記申請

　再発行の書類も届き準備もできたので登記申請を行います。

STEP 4　事前通知の発送（いつもの登記と異なる点）

　登記申請後に法務局より事前通知が株式会社Ｚ銀行へ発送されます。発送から２週間以内に返送又は持参します。

⚠２週間は，発送日からカウントされます。タイトな手続きなので，その旨を説明しておくことが大切です。

STEP 5　登記完了

　登記完了し，書類をお客様に返却します。

ワンポイント　**抵当権解除書類の再発行手続き**

　抵当権抹消登記では，所有者が権利者となります。所有者の印鑑証明書は，登記
上不要です。ただし，抵当権抹消関係書類の再交付手続きをするために必要となる
金融機関もあります。

⚠再発行交付手続きを司法書士が代行する場合には，金融機関ごとに必要書類
　を確認しましょう。再交付には１〜３週間ほどかかることがあります。

抵当権変更登記

所有者・債務者に住所変更登記が必要な場合

> **CASE**　「現在の債務者Aが高齢となってきたため，Aの息子Bに新債務者となってもらうことに合意を得た。AからBへの債務者を変更する登記をお願いしたい」とX銀行からの相談があった。物件の所在は，「名古屋市中区新町二丁目1番1」であった。債務者Aの運転免許証を確認するとAの現在の住所は「名古屋市中区新町二丁目1番地1」であった。

登記情報提供サービスから登記記録を確認します。

🔍 実務フロー

(STEP 1)　謄本を読む

登記情報提供サービスにより登記記録を確認します。その結果，抜粋すると次のようになっていたとします。

登記記録

表題部（土地の表示）
調製（略）　不動産番号（略）　地図番号（略）
筆界特定（略）

所在	名古屋市中区新町二丁目		余白
①地番	②地目	③地積　㎡	原因及びその日付（登記の日付）
1番1	宅地	100.00㎡	余白

権利部（甲区）（所有権に関する事項）

順位番号	登記の目的	受付年月日・受付番号	権利者その他の事項
1	所有権移転	平成1年2月25日 第2000号	原　因　平成1年2月25日売買 所有者　名古屋市東区本町二丁 　　　　目1番地1 　　　　A

権利部（乙区）（所有権以外の権利に関する事項）

順位番号	登記の目的	受付年月日・受付番号	権利者その他の事項
1	抵当権設定	平成1年3月5日 第2800号	原　因　平成1年3月5日金銭 　　　　消費貸借同日設定 債権額　金5,000万円 損害金　年14.00％（年365日 　　　　日割計算） 債務者　名古屋市東区本町二丁 　　　　目1番地1 　　　　A 抵当権者　名古屋市中区中央五 　　　　丁目1番1号 　　　　株式会社X銀行

(STEP 2)　登記の流れを組み立てる

　Aの登記簿上の住所と運転免許証記載の住所が異なる点に注意が必要です。AからBへの免責的債務引受をする前に債務者の住所についても変更登記をしなければなりません。

　登記は，以下の流れになります。

①所有権登記名義人住所変更登記（所有者Aの住所変更登記）

②抵当権変更登記（債務者Aの住所変更登記）

③抵当権変更登記（債務者Bの免責的債務引受登記）

ワンポイント　債務者の住所変更の省略の要否

抵当権の債務者表示変更登記の省略の可否について，「登記研究452号」（株式会社テイハン）を見ると以下の通りです。

要旨	抵当権の債務者変更登記を申請するに当たり，登記簿上の債務者の住所氏名に変更が生じている場合は，その表示変更登記を省略する扱いは認められない。根抵当権の債務者の変更登記を申請する場合も同様である。
問	債務引受等による抵当権の債務者変更登記を申請するに当たり，変更前の債務者の住所氏名に変更を生じている場合は，その表示変更登記を省略する扱いは認められないと考えますが，いかがでしょうか。便宜，省略できるのではないかとの意見もありますので，お伺いします。また，根抵当権の債務者の変更登記を申請する場合も同様に考えて差し支えないでしょうか。
答	御意見のとおりと考えます。

変更登記の必要書類

①所有権登記名義人住所変更登記（所有者Aの住所変更登記）

□登記原因証明情報（Aの住民票の写し等）
□Aの委任状

②抵当権変更登記（債務者Aの住所変更登記）

□登記原因証明情報（Aの住民票の写し等）
□株式会社X銀行の委任状
□Aの委任状

③抵当権変更登記（債務者Bの免責的債務引受登記）

□登記原因証明情報（免責的債務引受契約書）等
□登記済証（平成1年2月25日受付第2000号）
□株式会社X銀行の委任状
□Aの委任状

⚠根抵当権の債務者変更登記の場合と異なり，Ａの印鑑証明書が登記上は不要
です。

⚠登記原因証明情報（免責的債務引受契約書）に関しては，改正後の民法に照
らし合わせて要件が記載されているかを確認します。

(STEP 3)　登記申請

　住所がつながらないことによる追加書類も全て準備できたので，登記申
請を行います。特に補正事項等がなければ，一般的には１週間から10日ほ
どで登記が完了します。

(STEP 4)　登記完了書類を回収し，整理して返却

　完了書類を整理してお客様に返却します。

ワンポイント　根抵当権変更における登記権利者と登記義務者

　根抵当権の債務者変更の登記を申請する場合，原則は，登記権利者は根抵当権者，登記義務者は根抵当権設定者となります。

　例外的に債務者の縮減的変更（債務者の人数を減らす場合）には，登記権利者は根抵当権設定者，登記義務者は根抵当権者となります。この場合，登記原因証明情報への押印（登記義務者の押印）や登記識別情報の預かり等が必要となるので，金融機関へ事前に説明します。

　「根抵当権の債務者をA・BからAに縮減的に変更する場合は根抵当権設定者が登記権利者，根抵当権者が登記義務者とする」（「登記研究405号」（株式会社テイハン），質疑応答5972より）。

試験ではこう出た！　司法書士試験（平31）

問　Aを所有権の登記名義人とする甲土地について，Bを根抵当権の登記名義人とし，債権の範囲を「証書貸付取引当座貸越取引」とする根抵当権の登記がされている場合において，A及びBが元本の確定前に債権の範囲を「銀行取引」とする合意をしたときは，Aを登記権利者，Bを登記義務者として，当該根抵当権の変更の登記の申請をすることができる。

答　誤り。債権の範囲を「証書貸付取引当座貸越取引」から「銀行取引」に変更することが，縮減的変更であるかどうか明らかでないため，原則通り，根抵当権者Bが登記権利者，根抵当権設定者Aが登記義務者となります。また，例外的にその変更が縮減的変更である場合には，根抵当権設定者が登記権利者，根抵当権者が登記義務者となります。例えば，「**相互銀行取引**　手形債権　小切手債権」から「**銀行取引**　手形債権　小切手債権」の場合は縮減的変更になります。

8 贈与による所有権移転登記
農地からの地目変更がある場合

> **CASE**　「自宅近くにある倉庫と土地をBに贈与したいので，そのための登記手続きをお願いしたい」とAから依頼があった。贈与対象地は，元々畑だったが，数年前に農地法第4条の転用届出を行っている。
>
> 　Aによると，贈与による所有権移転登記以外の手続きは，Bに費用負担をかけないために，A自身で済ませたいとのことであった。
>
> 　土地と建物の所在は，「名古屋市中区新町二丁目1番1」であった。

次の事項を確認し進めます。

依頼者に確認すること

□贈与する日付（贈与税の確定申告の関係もあるので年度をまたぐ場合には念入りに確認する）
□受贈者との関係（親族等の場合には，贈与税の特例を利用できる可能性があるため）

確認ができれば，順次手続きを進めます。

実務フロー

STEP 1　土地と建物の謄本を読む

　登記情報提供サービスにより，登記記録を確認します。その結果，次のようになっていたとします。

登記記録（土地の表示）

表題部（土地の表示）
調製（略）　不動産番号（略）　地図番号（略）
筆界特定（略）

所在	名古屋市中区新町二丁目	余白
①地番	②地目　③地積　㎡	原因及びその日付（登記の日付）
1番1	畑　　100㎡	余白

権利部（甲区）（所有権に関する事項）

順位番号	登記の目的	受付年月日・受付番号	権利者その他の事項
1	所有権移転	平成20年5月2日第3061号	原　因　平成20年5月2日売買 所有者　名古屋市中区中央五丁目1番1号 　　　　A 順位3番の登記を移記

登記記録（建物の表示）

表題部（建物の表示）
調製（略）　不動産番号（略）　地図番号（略）
筆界特定（略）

所在	名古屋市中区新町二丁目1番地1	余白
家屋番号	1番1	余白
②種類	①構造　　　　　①床面積　㎡	原因及びその日付（登記の日付）
倉庫	木造亜鉛メッキ鋼板ぶき2階建　1階　60.00㎡　2階　55.00㎡	平成20年5月2日新築

権利部（甲区）（所有権に関する事項）

順位番号	登記の目的	受付年月日・受付番号	権利者その他の事項
1	所有権保存	平成20年5月2日第3062号	所有者　名古屋市中区中央五丁目1番1号 　　　　A

(STEP 2)　登記の流れを組み立てる

　Aから聞いた情報では，今回の贈与対象は倉庫と宅地でした。しかし，登記記録を見ると登記上は畑です。所有権移転登記を行うため（名義を変更するため）には，農地法第5条の許可証又は届出等が必要となります。

　Aが「既に農地法第4条の届出をしており，事前手続きをA自身でする」と言っていたとします。その場合には，土地家屋調査士と連携しながら変更登記をしていきます。

①土地地目変更登記（畑から宅地へ）
②所有権移転登記

この際の必要書類は以下の通りです。

登記に必要な書類

①土地地目変更登記

☐農地法第4条の届出書
☐Aの委任状

②所有権移転登記

☐登記原因証明情報
☐登記識別情報（土地　平成20年5月2日第3061号）
☐登記識別情報（建物　平成20年5月2日第3062号）
☐Aの印鑑証明書（発行後3ヶ月以内のもの）
☐Bの住所証明情報（Bの住民票の写し）
☐固定資産評価証明書（評価額の分かるもの）

　申請する際には，登録免許税が変動する可能性があることに気をつけます。

　地目変更後の「地積」に注意が必要です。

　地目変更前の「畑」に関しては，小数点以下は切捨てされ1㎡未満は登記されていません。不動産登記規則第100条（地積）に「第百条　地積は，水平投影面積により，平方メートルを単位として定め，一平方メートルの百分の一（宅地及び鉱泉地以外の土地で十平方メートルを超えるものについては，一平方メートル）未満の端数は，切り捨てる」という規定があります。つまり，宅地及び鉱泉地以外の土地に関しては，原則として1㎡未満は登記されません。

　地目変更後の登記記録（71頁）を見ると，宅地になったことで，100.50㎡と小数点以下が登記されています。この場合，登録免許税の計算に影響が出ることになります。

　固定資産評価証明書の記載を見ると地積が100㎡，固定資産税評価額が100万円となっているため，0.50㎡部分の評価額が含まれません。つまり，この100万円を課税標準にはできません。そのため，以下のような計算となります。

　①100万円（固定資産税評価額）÷100㎡＝1万円（1㎡当たりの単価）
　②1万円×0.50＝5,000円

　つまり，100万5,000円が課税標準となります。このように小数点以下が登記されると，当初の見積段階よりも登録免許税が加算される可能性があります。
▲このように，地目変更後に所有権移転登記等を行う場合には注意が必要となります。

登記記録（地目変更後）

表題部（土地の表示）
調製（略）　不動産番号（略）　地図番号（略）
筆界特定（略）

所在	名古屋市中区新町二丁目		余白
①地番	②地目	③地積　㎡	原因及びその日付（登記の日付）
1番1	畑	100㎡	余白
余白	宅地	100.50㎡	平成30年10月1日地目変更（令和4年8月1日）

権利部（甲区）（所有権に関する事項）

順位番号	登記の目的	受付年月日・受付番号	権利者その他の事項
1	所有権移転	平成20年5月2日第3061号	原因　平成20年5月2日売買 所有者　名古屋市中区中央五丁目1番1号 A 順位3番の登記を移記

固定資産評価証明書

令和4年度

固定資産評価証明書

所在地	登記地目課税地目	地積	評価額	備考
名古屋市中区新町二丁目1番1	畑宅地	100㎡	1,000,000円	
⋮	⋮	⋮	⋮	⋮

上記の通り相違ない事を証明します

令和4年5月10日　　　　　愛知県名古屋市長　　○○○　　㊞

STEP 3　登記申請

　全て準備できたので登記申請を行います。補正事項等が特になければ，一般的には1週間から10日ほどで登記が完了します。

STEP 4　登記完了書類を回収し，整理して返却

　完了書類を整理してお客様に返却します。

ワンポイント　委任状の記載内容

　登録免許税を誤って多く納めてしまった場合，還付請求を行うことになります。この際に注意しないといけないことは，委任状の記載事項です。特別の委任が必要なものがあります。自身で作成する委任状には日ごろから記載するようにし，金融機関や第三者の作成した委任状を使用する場合には，その第三者が作成した委任状に特別の委任の文言が入っているかを確認します。

⚠️還付の委任状は法務局経由で税務署に提出されます。

委任状の見本

委　任　状

名古屋市中村区名駅4丁目×番×号
司法書士　　福島　崇弘

私は，上記の者を代理人と定め，下記の事項を委任します。
記

1．下記の記載の登記申請に関する一切の件
記（省略）

2．登記に係る登録免許税の「還付金を受領」することに関する一切の件

> 登録免許税の過誤納の際に還付手続きを行うため

3．登記識別情報の「受領」に関する一切の件

> 登記識別情報通知が発行される場合に代理受領を行うため

4．登記識別情報の「暗号化」に関する一切の件

> オンライン申請により登記識別情報の提出をする場合に必要。第三者作成の委任状の場合，記載がないことがあるので注意！

📖 **試験ではこう出た！　司法書士試験（令3）**

問 登記の申請の際に納付した登録免許税に過誤納があったため過誤納金の還付を受ける場合において，当該登記の申請代理人が還付金を受領する旨の委任を受けたときは，当該代理人は，当該委任に係る委任状を，直接，当該登記の申請人の住所地を管轄する税務署に提出しなければならない。

答 誤り。法務局から税務署に委任状を送付するため，司法書士から税務署に提出する必要はない。

9 法人と役員間の土地売買
利益相反に該当する場合

CASE 「所有する土地について株式会社Xに売却したいので，そのための登記手続きをお願いしたい」とAから依頼があった。土地の所在は，「名古屋市中区新町二丁目1番1」であった。

登記記録を確認していきます。

 実務フロー

(STEP 1) 謄本を読む

まずは，登記情報提供サービスにより，登記記録を確認します。その結果，次のようになっていたとします。

登記記録

表題部（土地の表示）
調製（略）　不動産番号（略）　地図番号（略）
筆界特定（略）

所在	名古屋市中区新町二丁目		余白
①地番	②地目	③地積　㎡	原因及びその日付（登記の日付）
1番1	宅地	100.00㎡	余白

権利部（甲区）（所有権に関する事項）

順位番号	登記の目的	受付年月日・受付番号	権利者その他の事項
1	所有権移転	平成20年5月2日 第3061号	原　因　平成20年5月2日売買 所有者　名古屋市中区中央五丁目1番1号 　　　　A 順位3番の登記を移記

　注意すべきは，売買の当事者です。株式会社Xが買主で，Aが売主となります。そのため，利益相反取引に該当する可能性があります。

株式会社Xの登記記録

会社法人等番号	1800 - 01 - ○○○○○○
商号	株式会社X
本店	名古屋市中区丸の内1番1号
公告をする方法	官報に掲載して行う
会社の成立年月日	令和2年1月31日
目的	1．宅地建物取引業 2．上記各号に付帯する一切の業務
発行可能株式総数	200株
発行済み株式の総数並びに種類及び数	100株
資本金の額	100万円
株式の譲渡制限に関する規定	当会社の株式を譲渡により取得するには，株主総会の承認を受けなければならない。
役員に関する事項	取締役　　　A 取締役　　　B 名古屋市中区中央五丁目1番1号 代表取締役　A
登記記録に関する事項	設立　　　　　　　　　　　令和2年1月31日登記

　登記の情報から，以下がわかります。

①Aは株式会社Xの代表取締役であること

②取締役会を置いていない（取締役会非設置会社）であること

　今回の契約は会社法の規定する利益相反取引に該当します（会社法第356条第1項2，3／第365条第1項）。そのため，株式会社Xの株主総会で承認決議が必要です。登記申請の際に第三者の承諾を証する情報として添付します。

⚠押印する者と印鑑証明書には，特に注意が必要です。

必要な押印

第三者の承諾を証する書面が株主総会議事録の場合	「議事録作成者」の記名押印と印鑑証明書
議事録作成者が代表取締役Aである場合	会社実印にて押印（今回は株式会社Xの実印で押印）＋株式会社Xの印鑑証明書
議事録作成者が取締役Bである場合	個人の実印にて押印（今回は取締役Bの個人の実印で押印）＋Bの印鑑証明書

　取締役等の株主総会議事録への署名義務は会社法上ありません。議事録作成者1名が実印で押印し，印鑑証明書の添付をすれば足ります（役員全員の記名押印と印鑑証明書までは求められておりません）。

　それに対し，取締役会議事録は，「出席した取締役及び監査役全員」の記名押印と印鑑証明書が必要です。代表取締役は「会社実印＋印鑑証明書」，取締役及び監査役は「個人実印＋印鑑証明書」が必要です。

　議事録作成者の記名押印，印鑑証明書で足りない理由は，「取締役会の議事については，議事録が書面をもって作成されているときは，出席した取締役及び監査役は，これに署名し，又は記名押印しなければならない」（会社法第369条第3項）と規定があるからです。取締役会について利益相

反行為を行う場合には，必ず役員の確認をし，押印する者の確認をします。

　ちなみに，この第三者の承諾を証する書面（議事録）に添付する印鑑証明書には，有効期限がありません（3ヶ月超えていてもOK）。ただし，原本還付をすることはできません。例えば，株式会社Xが借り入れをして土地を購入する場合には，以下が必要となります。

借り入れをして土地を購入する場合

①売買による所有権移転（Aから株式会社Xへの所有権移転登記）	第三者の承諾を証する書面について株式会社Xの印鑑証明書（期限なし）
②抵当権設定登記（金融機関から株式会社Xの所有する土地への抵当権設定登記）	登記義務者の印鑑証明書について株式会社Xの印鑑証明書（3ヶ月以内）

　第三者の承諾を証する書面と登記義務者の印鑑証明書は，それぞれ根拠が異なります。それゆえ前件添付としての使用ができません。

　また，原本還付ができないことから会社法人等番号による添付省略を用いない場合には，株式会社Xの印鑑証明書が2通必要です。

STEP2　登記の流れを組み立てる

　「利益相反決議⇒所有権移転登記」の流れとなります。株主総会議事録には，株式会社Xの印鑑証明書が必要です。会社法人等番号で省略することもできます。ただし，以下の場合には注意が必要です。

①利益相反決議（株式会社Xは代表取締役Aの会社実印で押印）
②役員変更決議（株式会社Xの代表取締役AからCへの交代）
③売買契約及び所有権移転登記（株式会社Xは代表取締役Cの会社実印で押印）

　①の利益相反議事録作成後から③申請時点までの間に株式会社Xの代表取締役が変更（AからCへ交代）しています。添付省略できるのは新しい

代表取締役Cの印鑑証明書となりますので，株式会社Xの代表取締役Aの印鑑証明書を別途準備しておいた方がよいでしょう。

⚠利益相反議事録の作成日には注意が必要です。

(STEP 3)　登記申請

全て準備できたので登記申請を行います。特に補正事項等がなければ，一般的には1週間から10日ほどで登記が完了します。

(STEP 4)　登記完了書類を回収し，整理して返却する

完了書類を整理してお客様に返却します。

ワンポイント　印鑑証明書の添付省略

法人の履歴事項全部証明書と印鑑証明書は，会社法人等番号を提供すれば，添付がなくても登記申請ができます。ただし，決済や担保設定などでは登記申請の取り下げができないので，司法書士が確実に登記をできるか確認します。

添付省略が可能でも，司法書士側で真正の担保のためには印鑑証明書の原本を預かるべきです。

依頼者から印鑑証明書の返却を求められた際などには添付省略を活用してもよいでしょう。

📖 試験ではこう出た！　司法書士試験（令2）

問　X株式会社が所有権の登記名義人である甲不動産をX株式会社からその代表取締役であるAに売り渡したことにより売買を登記原因とする所有権の移転の登記を申請するときは，X株式会社の取締役会の承認を受けたことを証する情報に添付した印鑑に関する証明書の原本の還付を請求することができる。

答　誤り。利益相反議事録（承諾書）に押印した印鑑の印鑑証明書は，原本還付請求できない（不動産登記規則55条1項）。

10 外国人の土地購入

ローマ字の表記

> **CASE**　「今度，更地を買うことになったから登記手続きをお願いしたい」とAから依頼があった。土地の所在は，「横浜市鶴見区新町二丁目1番1」であった。
> 　Aは日本に在住しているが，外国籍であった。

　土地購入資金の借入がない売買です。売主側とやり取りをし，必要書類や見積書の案内をしていきます。

🔍 実務フロー

(STEP 1) 土地の謄本を読む

　いつも通り登記情報提供サービスで，登記記録を確認します。その結果，次のようになっていたとします。

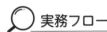

登記記録

表題部（土地の表示）
調製（略）　不動産番号（略）　地図番号（略）
筆界特定（略）

所在	横浜市鶴見区新町二丁目		余白
①地番	②地目	③地積　㎡	原因及びその日付（登記の日付）
1番1	雑種地	100㎡	余白

権利部（甲区）（所有権に関する事項）

順位番号	登記の目的	受付年月日・受付番号	権利者その他の事項
1	所有権移転	平成 7 年 3 月 2 日 第3061号	原　因　平成 7 年 3 月 2 日売買 所有者　横浜市中区中央五丁目 　　　　13番11号 　　　　B 順位 3 番の登記を移記

(STEP 2)　登記の流れを組み立てる

　登記記録で読み取った情報や関係者からのヒアリングをもとに，手続き全体の流れを組み立てます。売主に住所の変更が特にないことを確認できたので，単純に売買を原因とする所有権移転登記をするのみとなります。

　外国籍でも日本に住所がある等の要件が満たされていれば住民票が取得できます。それを添付し，A名義へと所有権移転登記を行います。

　ここで，買主であるAの氏名の表記に注意が必要です。不動産登記手続きではローマ字での登記ができません。「A」と登記することはできず，「エー」のようにカタカナになります。
　住民票等の通称欄にカタカナの読み方が記載されていれば，そちらで登記する旨を依頼者に確認します。

⚠ローマ字で登記できるかについては，個人か法人かで異なります。商号はローマ字表記で登記できますが，個人の氏名はローマ字で登記できません。法人の代表者などが個人で不動産を購入する場合などには，その点も説明し依頼者との打ち合わせを行う必要があります。

STEP 3　登記申請

　全て準備できたので登記申請を行います。補正事項等が特になければ，1週間から10日ほどで登記が完了します。

STEP 4　登記完了書類を回収し，整理して返却
　完了書類を整理してお客様に返却します。

> **ワンポイント**　ローマ字での登記について

　個人の氏名や住所はローマ字で登記できません。住民票等で読み方を確認できない場合には，依頼者からの委任状やヒアリング，その他キャッシュカードの記載等の資料で確認します。ただし，口頭のヒアリングでの確認では「ブ」や「ヴ」の発音の違い，委任状等などでは「オ」や「ォ」など，小さいか大きいかの違いなどが複雑なので，注意が必要です。

　ちなみに日本人が外国に居住している場合には，住民票や印鑑証明書が発行されない可能性があります。この際には，在留証明書やサイン証明書等を添付していくことになります。

　在留証明書とは，外国に居住している日本人が海外の具体的にどこに住所を有しているかの記載がある書類で，在外公館にて発給申請手続きを行うことで取得することができます。主に住民票の代わりとするイメージです。

【在留証明願見本】

形式　1

在　留　証　明　願

令和 ○○ 年 ○ 月 ○ 日

在アメリカ合衆国日本国大使　殿

申請者氏名 証明書を 使う人	証明　太郎	生年 月日	明・大 昭・平・令	39 年 3 月 22日
代理人氏名 （※1）		申請者との関係 （※1）		
申請者の 本籍地 （※2）	東京（都・道・府・県）	提出先が必要とする場合は戸籍のとおり番地 まで記載してください。		
提出理由	遺産分割協議書	提出先	○○司法書士	

私（申請者）が現在、下記の住所に在住していることを証明してください。

・メリーランド州ベゼスダ市　・バージニア州アーリントン郡

現 住 所	日本語	アメリカ合衆国コロンビア特別区ワシントン市北西 マサチューセッツ通り2520番地
	外国語	2520 Massachusetts Ave., N.W., Washington, DC 20008 U.S.A
上記の場所に住所（又は居所）を 定めた年月日（※2）		提出先と確認し必要であればご記入下さい。空欄にもできます。　20 ○○ 年 XX 月

（※1）本人申請の場合は記入不要です。　　　　　住所を立証する疎明資料をもとに年月をご記入ください
（※2）申請理由が恩給、年金受給手続きのとき、及び提出先が同欄の記載を必要としないときは記入を省略することが
　　　できます。

在　留　証　明

証第BH　－　　　　号

上記申請者の在留の事実を証明します。

令和　　年　　月　　日

在アメリカ合衆国日本国特命全権大使

外　務　省　一　郎

（手数料：米貨　　ドル　）

【出所】在アメリカ合衆国日本国大使館ホームページ

署名証明見本

| 署名証明 形式1 記入見本 | 日本から送られてきた書類例 |

証　明　書

公印

　以下身分事項等記載欄の者は、本職の面前で貼付書類に署名
（及び拇印を押捺）したことを証明します。

身 分 事 項 等 記 載 欄	
氏　名　　:	外　務　太　郎
生 年 月 日 :（明・大・昭・平）　40 年　12 月　1 日	
日本旅券番号 :	TZ1234567

※氏名の漢字等綴りは申請人の申告に基づく場合があります。

証第　一　　　号

平成　　年　　月　　日

　在フランス日本国特命全権大使

公印

（手数料:　　　）

委任状

　私、外務太郎 は全ての手続きを外務花子に委任します。

署名した書類に証明書を貼付し、大使館の公印を割印します。

住所:　フランス共和国パリ市第8区オッシュ大通り8番地

署名:　外務　太郎 （拇印）

注意!
大使館にご来館頂き、職員の面前でご署名頂きます。署名した書類に証明書を貼付し、大使館の公印を割印します。

拇印を必要とされている場合、右手親指拇印を押印してください。

【出所】在フランス日本国大使館ホームページ

📖 試験ではこう出た!　　司法書士試験（平20）

問　外国に居住する日本人が登記義務者として登記の申請をする場合には，印鑑証明書を提供せず，署名証明書を提供することができるが，当該署名証明書は，作成後3か月以内のものであることを要する。

答　誤り。署名証明書に有効期間の制限はない（昭48.11.17-8525号）。
　　署名証明書（いわゆるサイン証明書）は印鑑証明書の代わりとなるイメージで上記のようなものをいいます。

土地区画整理事業地内の抵当権設定
保留地の場合

> **CASE**　ある日，取引先のX銀行から連絡があった。「今度，住宅ローンを組むAさんというお客様がおり，そのAさんの所有する不動産に抵当権を設定することになったのでその登記手続きをお願いしたい」との依頼であった。
>
> 今回の担保対象地は保留地で，X銀行によると所在は「名古屋市西土地区画整理組合3街区3−1」ということであった。その後，直接Aさんとやり取りすることとなった。

 実務フロー

STEP 1　謄本を読む

さて，今回はAさんが登記記録を取得していたので，その資料を拝見することになりました。

登記記録

表題部（建物の表示）
調製（略）　不動産番号（略）　地図番号（略）
筆界特定（略）

所在	名古屋市中区新町二丁目1番地1（保留地　名古屋市西土地区画整理組合3街区3−1）	余白
家屋番号	1番1	余白

①種類	②構造	③床面積　㎡	原因及びその日付（登記の日付）
居宅	木造かわらぶき2階建	1階　60.00㎡ 2階　55.00㎡	平成30年5月2日新築

　さて，登記記録を見て「あれ？」と思うことはありませんか。いつもの登記情報の所在記載と異なります。これはいったいどういうことでしょうか。

　これは，今回の担保対象地が「保留地」だからです。保留地とは，土地区画整理事業によって出てくる土地をいいます。

　土地区画整理事業とは，道路等の公共施設を整備・改善し，土地区画を整え宅地の利用の増進を図る事業のことをいいます。下記の図のように不整形地などの利用しにくい土地区画を整理して，綺麗にします。

土地区画整理事業

　全ての工事が完了するまでには時間がかかります。所有している土地が工事される場合，その土地を工事中使用できません。そのため，他の土地が割り当てられます。この工事中使用できなくなる土地を「従前地」，代わりに使用することができるようになった土地を「仮換地」といいます。

　全ての土地区画整理事業が完了した場合，基本的に仮換地がそのまま自分の土地となります。従前地の代わりに新しい土地を割り当てる手続きを換地処分といいます。換地処分により，従前地に関する権利関係はそのまま換地に移ります。

> **ワンポイント**　保留地について
>
> 　土地区画整理事業により，土地の評価が上がります。例えば，土地区画整理事業前に100㎡で1,000万円の土地が土地区画整理事業後に100㎡で1,200万円となったとします。この場合，100㎡の面積全てを返してしまうと，元の価値1,000万円以上の1,200万円分の土地が割り当てられることになります。そのため，面積の一部（200万円分）を割り当て（返還）せずに，土地区画整理事業を行うための資金に充てることがあります。この割り当てられなかった200万円分の土地が「保留地」のイメージです。

⚠保留地は，土地区画整理事業で新たに生み出された土地であり，土地区画整理事業中は保留地の登記簿は作成されていません。換地処分公告後に初めて作成されます。

(STEP 2)　登記の流れを組み立てる

　登記記録から新築された建物は，保留地上に建築されていることとわかります。保留地の登記簿は未だ作成されず，土地については現時点では登記できません。そのため，表題登記の完了している建物のみに登記申請を行います。

　①所有権保存登記
　②抵当権設定登記（建物のみ）

　保留地については，後日登記がなされた際に抵当権を追加設定します。

STEP 3　登記申請

　全て準備できたら登記申請をします。保留地については，登記の代わりに土地区画整理組合等への手続きを行います。そのため，事前に土地区画整理組合や金融機関等の関係者と打ち合わせします。補正事項等が特になければ，1週間から10日ほどで登記が完了します。

STEP 4　登記完了書類を回収し，整理して返却

　完了書類を整理してお客様に返却します。

ワンポイント　**保留地についての手続き**

　保留地の購入をする場合や保留地上に住宅を建築するために金融機関から融資を受ける場合，所有権移転登記や金融機関による抵当権設定登記等を申請することとなります。しかし，保留地には登記がありません。そこで，土地区画整理組合等が管理している「保留地権利登録台帳」に登録して抵当権設定登記の代わりとします。

　なお，各組合によって手続きに必要な書類や申請可能な時間帯（例えば，昼休みには受付できない）などが異なります。基本的には金融機関の担当者が手続きしますが，司法書士も知っておくべき事柄です。

📖 **オリジナル問題**

問　換地処分の公告があった場合において，施行地区内の土地について事業の施行により変動があったときは，当該土地の所有者は，遅滞なく，当該変動に係る登記を申請しなければならない。

答　誤り。施行者は，換地処分の公告があった場合，遅滞なく，その変動に係る登記を申請し，又は嘱託しなければならない（土地区画整理法107条2項）。かなりの件数の登記になるため，施行者が代表して登記申請するため，各土地所有者が登記を申請するわけではない。

任意売却と所有権移転登記
差押抹消登記をする場合

> **CASE**　普段から取引のある不動産仲介業者の担当者であるＸが来所した。「Ｘの顧客であるＡが所有する土地をＢに売却したいので，そのための登記手続きをお願いしたい」との依頼であった。今回の対象地は，Ｘの持参した登記記録によると「名古屋市中区新町二丁目１番１」であった。

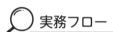

実務フロー

(STEP 1)　謄本を読む

　Ａより預かった登記記録の内容を確認します。結果，次のようになっていたとします。

（登記記録）

表題部（土地の表示）

調製（略）　不動産番号（略）　地図番号（略）
筆界特定（略）

所在	名古屋市中区新町二丁目		余白
①地番	②地目	③地積　㎡	原因及びその日付（登記の日付）
1番1	雑種地	100㎡	余白

権利部（甲区）（所有権に関する事項）

順位番号	登記の目的	受付年月日・受付番号	権利者その他の事項
1	所有権移転	平成20年5月2日第3061号	原　因　平成20年5月2日売買 所有者　名古屋市中区中央五丁目1番1号 　　　　A 順位3番の登記を移記
2	差押	令和4年4月2日第5555号	原因　令和4年4月1日名古屋地方裁判所担保 不動産競売開始決定 債権者　東京都文京区本郷一丁目×番×号 　　　　株式会社Y

権利部（乙区）（所有権以外の権利に関する事項）

順位番号	登記の目的	受付年月日・受付番号	権利者その他の事項
1	抵当権設定	平成20年5月2日第3062号	原　因　平成20年5月2日金銭消費貸借同日設定 債権額　金5,000万円 損害金　年14.00％（年365日日割計算） 債務者　名古屋市中区中央五丁目1番1号　A 抵当権者　東京都文京区本郷一丁目×番×号 　　　　株式会社Y

> **ワンポイント**　**任意売却**
>
> 　任意売却とは，強制競売等の手続きをとらずに利害関係人全員の合意により売却する手続きです。競売手続より任意売却のほうが素早く，金額も高く売却できます。そのため，担保権者等の利害関係人も素早く債権を回収することが可能です。
> 　売却するためには，全ての担保権等の抹消登記をしなければ通常買ってくれません。それゆえ，決済と同時にその手続きも行う必要があります。

(STEP 2)　登記の流れを組み立てる

　登記記録を見ると「甲区2番」に株式会社Yの差押登記が入っています。このままでは売却できません。売却前にこの差押登記を抹消できるかを確認する必要があります。

　①2番差押抹消登記（裁判所へ取下書を提出）
　②抵当権抹消登記（法務局へ申請）
　③所有権移転登記（法務局へ申請）

　通常売買契約書にも記載はありますが，①の2番差押抹消登記については，「取下書を裁判所へ提出➡裁判所から法務局への嘱託申請」となります。決済日と同日で受付されない可能性が高いと関係者に説明します。

　取下書については，競売申立時と異なる印鑑での押印がされている場合や当事者の記載が異なっている場合等には手続きに支障をきたします。債務者等の協力を得て，競売申立書の写しを預かるなど手立てをしておきます。

不動産競売取下書

不動産競売取下書

名古屋地方裁判所　民事第2部　御中

令和○年○月○日

申立債権者

（代理人）　　　　　　　　　　　　　　　　　　印

債権者　　　　　　株式会社Y
債務者兼所有者　　A

　上記当事者間の令和4年（ケ）第○○○○号担保不動産競売事件につき，別紙物件目録記載の不動産に対する競売の申立ては都合によりこれを取り下げます。

記

目的不動産　別紙物件目録記載の通り（物件目録省略）

以上

STEP 3　登記申請

　準備ができたら登記申請を行います。不備がないかを確認するとともに，取下書を誰が提出するかを確認します。所有権移転登記の申請前に確実に取下書が提出されるかを確認しなければならないので，裁判所まで債権者と同行し提出を確認する等をすべきでしょう。補正事項等が特になければ，1週間から10日ほどで登記が完了します。裁判所を経由する関係から差押抹消登記は決済日より遅れて申請される可能性が高く，通常よりも完了までに時間を要することがあります。

STEP 4　登記完了書類を回収し，整理して返却

　完了書類を整理してお客様に返却します。

ワンポイント　差押抹消登記についての手続き

　差押抹消登記は，「誰が差押をしているか」で手続きが異なります。一般債権者が差押をしている場合には，裁判所へ取下書を提出し，裁判所が嘱託により抹消します。滞納税金などによる差押の場合には，裁判所を経由せず直接市町村などが差押抹消登記の嘱託を行います。

　滞納税金の差押登記がある場合には，直接法務局で待ち合わせをして申請をする又は先に申請してもらい受付書を受け取り確認できた後に申請を行います。

試験ではこう出た！　司法書士試験（令3）

問　土地の強制競売の買受人が代金を納付した場合における当該土地の所有権に対する差押えの登記の抹消の嘱託しなければならない。

答　正しい。裁判所書記官は，買受人への権利移転の登記と差押えの登記の抹消について嘱託しなければならない。

山林売買と所有権移転登記
注意すべき点

CASE　「Bが所有する土地を売却したいので，そのための登記手続きをお願いしたい」とAから依頼があった。土地の所在は，「岐阜県高山市新町二丁目1番」であった。

STEP1　謄本を読む

登記情報提供サービスにより登記記録を確認します。その結果，次のようになっていたとします。

（登記記録）

表題部（土地の表示）
調製（略）　不動産番号（略）　地図番号（略）
筆界特定（略）

所在	岐阜県高山市新町二丁目		余白
①地番	②地目	③地積　㎡	原因及びその日付（登記の日付）
1番	山林	15,000㎡	余白

権利部（甲区）（所有権に関する事項）

順位番号	登記の目的	受付年月日・受付番号	権利者その他の事項
1	所有権移転	平成20年5月2日 第3061号	原因　平成20年5月2日売買 所有者　名古屋市中区中央五丁目1番1号 　　　　B 順位3番の登記を移記

ワンポイント　山林の売却

　山林については，売買による所有権移転登記をするには，事前の許可などの手続きはありません。通常の宅地と同じように所有権移転登記を行います。農地のような事前許可などは必要ありません。

（STEP 2）　登記の流れを組み立てる

　通常どおり売買による所有権移転登記をします。

　2点ほど登記以外で注意点があります。

注意すべき点（森林法・事後届出）

①森林法（第10条の7の2）による届出	地域森林計画の対象とする森林の区域内の森林であった場合，森林の土地の所有者となった旨の届出を土地の所有者となった日から90日以内に，取得した土地のある市町村の長に届出をする。登記後に，別途届出（報告）が必要となる。 なお，後述する国土利用計画法による届出をする場合には，不要となる場合がある。
②国土利用計画法による事後届出	国土利用計画法では，地価の高騰などを抑制し，適正な土地利用の確保をするため，一定の土地取引について届出制度を設けている。 具体的には，下記表の届出対象面積以上のような広い土地について売買などの契約（対価を伴うものに限る。予約を含む。）をした場合，権利取得者（買主等）は，土地の利用目的などについて，契約締結後2週間以内に届出をする必要がある。

　事後届出について

　事後届出についてまとめると以下の通りです。

届出義務者	権利取得者（買主など）
届出時期	契約締結後2週間以内
届出対象面積 （権利取得者を 基準）	市街化区域　　　　　　　　　　　　　　　　　　2,000㎡以上 市街化調整区域・非線引き区域　　　　　　　　　5,000㎡以上 都市計画区域外・準都市計画区域　　　　　　　10,000㎡以上
届出が必要とな る取引	売買（予約）のような土地に関する権利を対価を得て，移転，設定する契約を締結する場合
届出不要の例外	①国・地方公共団体等の取引 ②民事調停法による調停に基づく場合 ③農地法第3条1項の許可を得た場合

　森林法も事後届出も司法書士業務とは異なる分野ですが，知っておくべきでしょう。国土利用計画法の事後届出については，山林以外だけでなく，工場用地などの売却をする場合にも市街化区域などでも対象面積を超える可能性があります。

　また，山林については，土地の価値よりも，その土地に生えている樹木に価値がある場合があります。例えば，ヒノキなどの場合，樹木の価値が土地の価値を超えることもあり，このような場合に，例えば，土地とは別に立木登記がされていて抵当権設定などが行われていることもあります。

　立木は基本的には土地の従物となりますので，土地の処分に従いますが，立木法による所有権保存登記や明認方法などを行えば，山林である土地と立木を分離して，立木だけの売却などができるようになります。

> 📖 **試験ではこう出た！** 司法書士試験（令3）
>
> **問** Aが甲土地上の立木の所有権を留保して甲土地をBに売却し，その後，Bが
> Cに甲土地及びその上の立木を売却した場合には，Aは，Cに対し，立木の
> 所有権の留保につき登記や明認方法を備えない限り，立木の所有権を主張す
> ることができない。
>
> **答** 正しい。

(STEP 3) 登記申請

準備できたので登記申請を行います。補正事項等が特になければ，1週間から10日ほどで登記が完了します。

(STEP 4) 登記完了書類を回収し，整理して返却

完了書類を整理してお客様に返却します。森林法の届出や国土利用計画法の届出等で使用する可能性が高いため，登記事項証明書の写しも加えて返却します。

ワンポイント　所有者不明の山林

山林は，土地の境界もわかりづらく，住所地から離れた場所に所在します。それゆえ，相続手続を行っていない所有者不明の土地が宅地と比較して多いと思われます。

相続登記未了の状態では売却できません。相続登記の義務化が始まるので，今後は相続登記が必要です。

時限的な措置として，不動産価格が100万円以下の土地に係る相続登記の登録免許税が免税されます。山林は評価額が安いため，該当する可能性があります。登録免許税の免税は，登記申請の際に免税を受ける旨を記載しなければ適用がありません。1筆の土地の価格が少額の場合には注意が必要です。

第2部

商業登記

株式会社の設立登記
定款認証

> **CASE**　甲野太郎は個人事業主で宅建業を行っている。甲野太郎から「事業拡大のため株式会社を設立したい」と依頼があった。設立日は「令和 5 年 1 月 4 日にしたい」とのことであった。

さて，次の流れで設立登記します。

- (STEP 1)　発起人の決定
- (STEP 2)　会社の基本的な事項の確認
- (STEP 3)　同一商号，類似商号はないかの調査
- (STEP 4)　会社の印鑑作成，発起人の印鑑証明書と通帳の準備
- (STEP 5)　定款案を作成
- (STEP 6)　定款の認証
- (STEP 7)　資本金の入金（発起人による出資の履行）
- (STEP 8)　設立登記の申請
- (STEP 9)　登記完了

 実務フロー

(STEP 1)　発起人の決定

設立する会社の出資者を「発起人」と呼びます。発起人になるのに資格はなく，法人でも出資してなることができます。

ただし，法人は，定款に定められた目的（事業内容）の範囲内でしか権利能力が認められません。発起人となる会社とこれから設立予定の会社の

事業目的に齟齬がないか確認します。例えば，以下のように事業目的がバラバラのケースもありますので注意が必要です。

事業目的がバラバラなケース

```
発起人となる会社      株式会社X
                   商号　　株式会社X
                   目的　　1．建設業
                          2．塗装工事業
                          3．前号に付帯する一切の業務
設立予定の会社        株式会社Y
                   商号　　株式会社Y
                   目的　　1．飲食店の運営
                          2．前号に付帯する一切の業務
```

📖 **試験ではこう出た！　司法書士試験（平18）**

問　会社が発起人となって株式会社を設立する場合には，当該発起人である会社の定款を添付することは要しない。

答　正しい。株式会社を設立する場合，会社でも当該会社の目的の範囲内であれば発起人となることができる（昭36.1.5-1号）。発起人である会社の定款を添付する必要はない。

(STEP 2)　会社の基本的な事項の確認

　発起人が確定したら，会社の定款等を作成するのに必要な情報を確認します。次の点を確認しながら定款の案を作成します。

株式会社設立に必要な項目

商　号　※1					
本　店　※2					
目　的　※3					
資　本　※4	資本金	万円	発行可能株式総数		株
	株式の発行価格	万円	設立時発行株		株
株式の譲渡制限の有無　※5	有　　　　　無				
決算期　※6					
払込金融機関　※7					
発起人	住所 氏名				
引受株数	株		金　額		万円
役　員	取締役 　住　所 　氏　名		代表取締役 　住　所 　氏　名		
			監査役 　住　所 　氏　名		

※1　商号（会社の名前のことを商号といいます）には，ローマ字やアラビア数字も使用ができます。そのため，不動産登記との相違点に注意します。フリガナの記載も登記申請時に必要です。

　　司法書士の業務としては直接関わらないのですが，行政書士業務（例えば，建設業の許可申請などの場合，フリガナも記載された申請書副本が交付されます。許可申請記載と登記申請時のフリガナに相違があってはいけません。

　　また，同一商号（同一の本店所在地での同一商号（会社名））の登記は区別がつかなくなるため，登記申請は受け付けられません。

　　さらに，勤務先からの独立開業などの際には，不正競争防止法の規定にも注意しなければなりません。

　　著名な商号等と同一又は類似の商号を使用することに伴う問題についても注意が必要です。（不正競争防止法第2条，第3条，第4条）

※2　本店所在地は，依頼者の自宅となることも多いですが，賃貸物件の場合には，

賃貸借契約の内容に注意します。例えば，賃貸借契約の内容が，居住用目的での契約となっている場合には，事務所として使用すると事業用目的となってしまいます。

　自己所有の物件でもマンション管理組合の規約で事業用を禁止している場合も考えられます。また，定款の記載は，本店所在地として具体的な所在場所（詳細な地番までの住所）まで規定する必要はなく，「最小行政区画（市町村）」までを定めればよく，「定款　第3条　当会社は，本店を愛知県小牧市に置く」などでOKです。

　この定款の記載は，具体的な番地まで記載することもできますが，あまりおすすめはしません。近場の引っ越しでも定款変更が必要となる可能性があるからです。「定款　第3条　当会社は，本店を愛知県小牧市小牧1丁目1番地の1に置く」と記載すると，本店が愛知県小牧市小牧1丁目1番地の2に移転した場合に，定款の記載を変更しないといけません。しかし，「定款　第3条　当会社は，本店を愛知県小牧市に置く」と記載している場合，同市内での引っ越しで新本店所在地も同じ小牧市のため，定款の変更は不要となります。

※3　目的は，定款の中でも依頼者との打ち合わせに最も気を遣う箇所です。以前に比べると，目的の明確性，具体性が，緩和されたため，過去に登記できなかった目的でも登記できるようになっています。基本的に依頼者の行いたい内容を記載すれば良いのですが，許認可取得などの手続きの場合には，この目的に記載されていないと手続きが行えません。

　例えば，建設業の場合，「建設業や土木・建築工事の請負・施工」などの内容を目的に記載します。また，建設業を行う予定の事業者は，他に建築するための宅地の売買（宅地建物取引業）や解体工事から排出される産業廃棄物の処理（産業廃棄物収集運搬業）も併せて行うかもしれません。事業展開で可能性があるものを聞き取り，定款に記載するか決めます。

※4　資本金はいくらでも良いとされていますが，許認可手続きには資産要件（建設業や運輸業のように自己資本等の額によって事業に制約がある場合）があります。そのため，それぞれ制約を満たす資本金の額とする必要があります。

　また，許認可を取得しない場合でも，純資産額が300万円に満たない場合には，剰余金の配当ができません（会社法第458条）。剰余金の配当をする必要がある場合には，設立当初の資本金の額も300万円以上にしておいた方が無難かもしれません。

※5　株式を自由に売却できないように制限をかけることを株式譲渡制限の定めといいます。「当会社の株式を譲渡により取得するには，取締役会の承認を受けなければならない」と記載し，登記までしている場合，取締役会設置会社の定め

を廃止した場合や解散した場合には取締役会がなくなります。その場合は，譲渡制限に関する定款の変更と登記をします。

　一方で，定款および登記の記載が譲渡承認機関を明示しない「当会社の株式を譲渡により取得するには，当会社の承認を受けなければならない」としている場合には，取締役会を廃止したり，解散したりしても定款の変更や登記をする必要はありません。

※6　決算期については，確定申告などの繁忙期等にすると，希望の税理士の先生が受託できない可能性もありますので，事前に相談することをお勧めします。

※7　インターネットバンクでも良いが，提出するページに注意します。

(STEP 3)　同一商号，類似商号はないかの調査

　事前に登録の必要がありますが，法務局の「登記・供託オンライン申請システム」を開き，「商号調査」を選択してログインすると，トップページの左側にある「商号調査」のボタンがあるので，そちらを選択すると，ログイン画面になり，登録した申請者IDとパスワードを入力すると，商業・法人登記情報の検索画面になり，そちらで検索します。

登記・供託オンライン申請システム

STEP 4　会社の印鑑作成，発起人の印鑑証明書と通帳の準備

　会社の基本的な事項が決まれば，会社の印鑑（会社実印・銀行印・ゴム印のセットが一般的です）を作成してもらいます。設立登記時に会社実印の印鑑届をします。これにより，登記完了後に今後提出する印鑑について会社の印鑑証明書が取得できます。

STEP 5　定款案を作成

　お客様との打ち合わせをもとに定款案を作成したら，発起人に押印をもらいます。定款案は管轄の公証役場にメールなどで送信し，内容を確認してもらいます。

⚠️司法書士が本人の代わりに認証を受ける手続を行うので，定款認証に関する委任状（110頁）が必要です。

定款の見本

定　　款

第1章　総　　則

（商号）
第1条　当会社は，甲野株式会社と称する。
（目的）
第2条　当会社は，次の事業を行うことを目的とする。
　　　1　宅地建物取引業
　　　2　産業廃棄物収集運搬業
　　　3　前各号に附帯する一切の業務
（本店の所在地）
第3条　当会社は，本店を愛知県知多市に置く。
（公告の方法）
第4条　当会社の公告は，官報に掲載する方法により行う。

第2章　株　　式

（発行可能株式総数）

第5条　当会社が発行することができる株式の総数は，400株とする。

（株券の不発行）

第6条　当会社の発行する株式については，株券を発行しないものとする。

（株式の譲渡制限）

第7条　当会社の発行する株式を譲渡により取得するには，株主又は取得者は代表取締役の承認を受けなければならない。

　　2　次の各号に定める場合には前項の承認があったものとみなす。

　⑴　株主間の譲渡

　⑵　当会社の役員又は従業員を譲受人とする譲渡

（相続人等に対する株式の売渡請求）

第8条　当会社は，相続その他の一般承継により当会社の発行した株式を取得した者に対し，当該株式を当会社に売り渡すことを請求することができる。

（株主名簿記載事項の記載の請求）

第9条　株式取得者が株主名簿記載事項を株主名簿に記載又は記録することを請求するには，当会社所定の書式による請求書に，その取得した株式の株主として株主名簿に記載又は記録された者又はその相続人その他の一般承継人及び株式取得者が署名又は記名押印し共同して請求しなければならない。ただし，会社法施行規則22条1項各号に定める場合には，株式取得者が単独で請求することができる。

（質権の登録及び信託財産の表示）

第10条　当会社の発行する株式について質権の登録又は信託財産の表示を請求するには，当該会社所定の書式による請求書に当事者が署名又は記名押印し，共同して請求しなければならない。その登録又は表示の抹消についても同様とする。

（手数料）

第11条　前2条に定める請求をする場合には，当会社所定の手数料を支払わなければならない。

（株主の住所等の届出）

第12条　株主及び登録株式質権者又はその法定代理人若しくは代表者は，当会社の所定の書式により，その氏名・住所及び印鑑を当会社に届け出なければならない。これらを変更した場合も同様とする。

　　2　当会社に提出する書類には，前項により届け出た印鑑を用いなければならない。

（基準日）

第13条　当会社は，毎事業年度末日の最終の株主名簿に記載又は記録された議決権を有する株主をもって，その事業年度に関する定時株主総会において権利を行使することのできる株主とする。

　　2　前項のほか，株主又は登録株式質権者として権利を行使すべき者を確定

するために必要があるときは，取締役の過半数の決定をもって，あらかじめ公告して，一定の日の最終の株主名簿に記載又は記録されている株主又は登録株式質権者をもって，その権利を行使することができる株主又は登録株式質権者とすることができる。ただし，この場合には，その日を2週間前までに公告するものとする。

第3章　株主総会

（招集及び招集権者）

第14条　当会社の定時株主総会は，毎事業年度の末日から3か月以内に招集し，臨時株主総会は，随時必要に応じて招集する。

　　2　株主総会は，法令に別段の定めがある場合を除くほか，取締役社長がこれを招集する。取締役社長に事故若しくは支障があるときは，取締役の過半数の決定をもって予め定めた順位により他の取締役がこれを招集する。

　　3　株主総会を招集するには，会日より3日前までに，議決権を有する各株主に対して招集通知を発するものとする。ただし，総株主の同意があるときはこの限りではない。

　　4　前項の招集通知は，書面ですることを要しない。

（議長）

第15条　株主総会の議長は，取締役社長がこれに当たる。取締役社長に事故若しくは支障があるときは，あらかじめ取締役の過半数の決定により定めた他の取締役が議長になり，取締役全員に事故があるときは，総会において出席株主のうちから議長を選出する。

（決議の方法）

第16条　株主総会の普通決議は，法令又は定款に別段の定めがある場合を除き，出席した議決権を行使できる株主の議決権の過半数をもって行う。

　　2　会社法第309条第2項に定める決議は，議決権を行使することができる株主の議決権の3分の1以上を有する株主が出席し，その議決権の3分の2以上をもって行う。

（議決権の代理行使）

第17条　株主は，代理人によって議決権を行使することができる。この場合には，総会ごとに代理権を証する書面を提出しなければならない。

　　2　前項の代理人は，当会社の議決権を有する株主に限るものとし，かつ，2人以上の代理人を選任することはできない。

（総会議事録）

第18条　株主総会における議事の経過の要領及びその結果並びにその他法令に定める事項は，議事録に記載又は記録し，議長及び出席した取締役がこれに署名若しくは記名押印又は電子署名をし，株主総会の日から10年間本店に備え置く。

第4章　取締役

(取締役の員数)
第19条　当会社には，取締役1名以上を置く。

(取締役の選任)
第20条　当会社の取締役は，株主総会において，議決権を行使することができる株主の議決権の3分の1以上に当たる株式を有する株主が出席し，その議決権の過半数の決議によって選任する。

　　2　前項の選任については，累積投票の方法によらない。

(取締役の資格)
第21条　当会社の取締役は，当会社の株主の中から選任する。ただし，必要があるときは，株主以外の者から選任することを妨げない。

(取締役の任期)
第22条　取締役の任期は，選任後10年以内に終了する事業年度のうち最終のものに関する定時株主総会の終結時までとする。

　　2　補欠又は増員により就任した取締役の任期は，前任者又は他の在任取締役の任期の残存期間と同一とする。

(代表取締役)
第23条　当会社に取締役を複数名置く場合には，株主総会の決議により代表取締役1名以上を定めるものとする。

(役付取締役)
第24条　取締役の過半数の決定をもって，取締役の中から，社長1名を選任し，必要に応じて，会長，副社長，専務取締役，常務取締役若干名を選任することができる。

　　2　当会社に置く取締役が1名の場合には，その取締役を社長とする。

(取締役に対する報酬等)
第25条　取締役に対する報酬及び退職慰労金は，株主総会の決議により定める。

第5章　計　算

(事業年度)
第26条　当会社の事業年度は，毎年3月1日から翌年2月末日までの年1期とする。

> 2月はうるう年があるため末日とする。税理士の繁忙期だと都合の悪いこともあるので，お客様に顧問税理士に念のため確認してもらう。

(剰余金の配当)
第27条　剰余金の配当は，毎事業年度末日の最終の株主名簿に記載又は記録された株主又は登録株式質権者に対して支払う。

(配当金の除斥期間)
第28条　剰余金の配当が，支払いの提供をした日から3年を経過しても受領されないときは，当会社は，その支払いの義務を免れるものとする。

第6章 附 則

（設立に際して発行する株式）

第29条 当会社の設立時発行株式の数は100株とし，その発行する価額は1株につき金1万円とする。

（設立に際して出資される財産の価額及び成立後の資本金の額）

第30条 当会社の設立に際して出資される財産の価額は金100万円とする。

    2 当会社の成立後の資本金の額は金100万円とする。

（最初の事業年度）

第31条 当会社の最初の事業年度は，当会社成立の日から令和6年2月末日までとする。

（設立時取締役）

第32条 当会社の設立時取締役は，次のとおりとする。

    設立時取締役 甲野太郎

（設立時代表取締役）

第33条 当会社の設立時代表取締役は，次のとおりとする。

    愛知県知多市知多1丁目1番地の1

    設立時代表取締役 甲野太郎

（発起人の氏名，住所，割当を受けた株式数及びその払込金額等）

第34条 発起人の氏名，住所，発起人が割り当てを受ける株式数及びその払込金額は，次のとおりである。

    愛知県知多市知多1丁目1番地の1
    甲野太郎
    普通株式 100株 金100万円

（法令の準拠）

第35条 本定款に定めのない事項は，すべて会社法その他の法令に従う。

  以上，甲野株式会社を設立するため，発起人甲野太郎の定款作成代理人である司法書士福島崇弘は，電磁的記録である本定款を作成し，電子署名をする。

> 印紙代がかからないので電子認証とする。

令和4年12月10日

      発起人 甲 野 太 郎

上記発起人の定款作成代理人
名古屋市中村区名駅4丁目×番×号
司法書士　福島　崇弘

(STEP 6)　定款の認証

　管轄の公証役場で行います。本店所在地によっては県外などの公証役場で認証する必要もあります。遠方であれば，電話会議システムでの認証もできます。

　公証役場に行く際は，認証後の定款を保存するためのUSBメモリやCD-Rなども準備する必要があります。具体的には，以下のような書類が必要となります。

公証役場へ持参する書類

□実質的支配者となるべき者の申告書（109頁）
□定款認証に関する委任状（110頁）
□発起人の印鑑証明書（この後の登記申請でも必要なため，コピーを持参し原本還付をしてもらう。）
□定款保存用のUSBメモリやCD-R
⚠認証用手数料（約5万円）なども必要。

実質的支配者となるべき者の申告書（株式会社用）

（公証役場名）
名古屋公証役場
認証担当公証人　乙野次郎　殿
　（商号）　甲野株式会社
の成立時に実質的支配者となるべき者の本人特定事項等及び暴力団員等該当性について，以下のとおり，申告する。
令和　　年　　月　　日
■ 嘱託人住所　　　　　　　　　　　　　■ 嘱託人氏名（記名又は署名）
　名古屋市中村区名駅4丁目×番×号　　　　司法書士　福島崇弘

実質的支配者となるべき者の該当事由（①から④までのいずれかの左側の□内に✔印を付してください。）（※1）

✔ ❶　設立する会社の議決権の総数の50%を超える議決権を直接又は間接に有する自然人となるべき者（この者が当該会社の事業経営を実質的に支配する意思又は能力がないことが明らかな場合を除く。）：犯罪による収益の移転防止に関する法律施行規則（以下「犯収法施行規則」という。）11条2項1号参照

□ ❷　❶に該当する者がいない場合は，設立する会社の議決権の総数の25%を超える議決権を直接又は間接に有する自然人となるべき者（この者が当該会社の事業経営を実質的に支配する意思又は能力がないことが明らかな場合又は他の者が設立する会社の議決権の総数の50%を超える議決権を直接又は間接に有する場合を除く。）：犯収法施行規則11条2項1号参照

□ ❸　❶及び❷のいずれにも該当する者がいない場合は，出資，融資，取引その他の関係を通じて，設立する会社の事業活動に支配的な影響力を有する自然人となるべき者：犯収法施行規則11条2項2号参照

□ ❹　❶，❷及び❸のいずれにも該当する者がいない場合は，設立する会社を代表し，その業務を執行する自然人となるべき者：犯収法施行規則11条2項4号参照

実質的支配者となるべき者の本人特定事項等（※2，※3）						暴力団員等該当性（※4）
住居	愛知県知多市知多1丁目1番地の1	国籍等	(日本)・その他（　　）	性別	(男)・女	（暴力団員等に）
		生年月日	(昭和・(平成)・西暦) 2年1月1日生	議決権割合	100%	該当 ・ 非該当
氏名	フリガナ　コウノ　タロウ 甲野　太郎	実質的支配者該当性の根拠資料		(定款)・定款以外の資料・なし		
住居		国籍等	日本・その他（　　）	性別	男・女	（暴力団員等に）
		生年月日	(昭和・平成・西暦) 年　月　日生	議決権割合	%	該当 ・ 非該当
氏名	フリガナ	実質的支配者該当性の根拠資料		定款・定款以外の資料・なし		
住居		国籍等	日本・その他（　　）	性別	男・女	（暴力団員等に）
		生年月日	(昭和・平成・西暦) 年　月　日生	議決権割合	%	該当 ・ 非該当
氏名	フリガナ	実質的支配者該当性の根拠資料		定款・定款以外の資料・なし		

定款認証に関する委任状の見本

委　任　状

住所　名古屋市中村区名駅4丁目×番×号
氏名　司法書士　福島　崇弘
上記の者を代理人と定め，次の権限を委任します。

1．甲野株式会社の設立に際し，電磁的記録であるその原始定款を作成する手続きに関する一切の件
1．原始定款の内容は別紙のとおり
1．電子定款につき指定公証人の認証を受ける嘱託手続き
1．電子定款の保存嘱託手続き
1．電子定款の情報の請求（謄本請求を含む）と受領手続き
1．委任状に添付する証明書原本の還付
1．上記について復代理人の選任又は受任者の被用者もしくは発起人に対し，同人らが公証人の前に出頭して作成代理人の署名を自認し，認証された電子定款の情報（謄本を含む）を受領し，委任状に添付された印鑑証明書原本の還付を受ける行為を委託する権限

令和4年12月10日
甲野株式会社

> 発起人甲野太郎個人の実印

発　起　人　愛知県知多市知多1丁目1番地の1
甲　野　太　郎

> 個人の実印で押印する関係から
> 甲野太郎の印鑑証明書で照合をします。

⚠定款認証と併せて109頁の実質的支配者となるべき者の申告書を提出します。この「実質的支配者となるべき者の申告書」の写しは，設立後に金融機関で手続きをする際などに必要となることもありますので，必ずお客様に渡します。

(STEP 7)　資本金の入金（発起人による出資の履行）

　定款の作成日後に，発起人の個人の通帳に資本金を入金するようお願いします。入金後，通帳の該当箇所のコピーをもらいます。さらに，設立登記申請に必要な書類（払い込み証明書など）に会社実印，個人の実印で押印をしてもらいます。

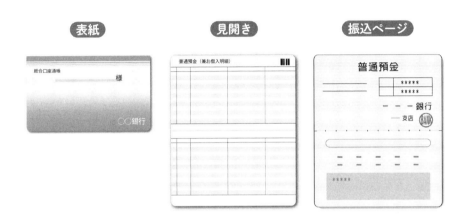

(STEP 8)　設立登記の申請

　設立登記に必要な書類を作成し，押印してもらいます。

　お客様の希望日に株式会社設立登記を申請します。この申請日が設立日（会社の誕生日）になります。そのため，登記申請ができない日（例えば，土日，年末年始など）については，設立日とすることができません。

　商業登記は不動産登記以上にオンライン申請で行う割合が多いです。年明けの1月4日などに申請を行う場合には，多くの設立登記の申請が重なることや稀にオンラインのシステム様式などが変更されることもあるので，余裕をもって申請準備をしましょう。

設立登記に必要な書類

☐定款1通
☐発起人決定書（113頁）1通※1
☐就任承諾書2通（114頁）
☐印鑑証明書（有効期限3ヶ月　甲野太郎のもの）1通※2
☐設立登記に関する委任状（114頁）1通
☐払込証明書（115頁）1通※3
☐印鑑届出書1通
☐印鑑カード交付申請書1通

※1　定款に定める本店の所在地は最小行政区画までで良いため，「○丁目○番○号」等のように具体的な地番までの本店所在場所を決定したことを証明する書類
※2　設立時取締役が就任承諾書に押した印鑑につき市町村長が作成した印鑑証明書を添付します。なお，同時に印鑑届出書を提出している場合は，印鑑届出書に添付する印鑑証明書として援用することができます。
※3　資本金の入金のあったことを証する書面（通帳の写しと合綴する）

　会社実印，代表取締役個人の実印と押印箇所が複数あるため，事前に付箋などで間違えないように指定しておくと親切です。

押印からの整理

会社実印で押印	払込証明書/委任状/印鑑カード交付申請書
甲野太郎個人の実印で押印	発起人の同意書/就任承諾書
会社実印と甲野太郎個人の実印で押印	印鑑届出書

📖 **試験ではこう出た！** 司法書士試験（平10）

問 登記の申請書に押印すべき者が印鑑を提出する場合には，提出に係る印鑑につき市町村長の作成した証明書で，作成後3か月以内のものを添付しなければならない。

答 誤り。商業登記規則9条5項1号は，商業登記規則9条1項後段の規定により印鑑届書に「押印した印鑑」（個人の実印）について，市町村長作成に係る印鑑証明書で作成後3か月以内のものを添付する旨を規定している。「提出に係る印鑑」（会社実印）についてではない。

発起人決定書の見本

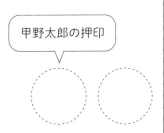

発起人決定書

1．本店の所在場所は，次のとおりとする。
　　愛知県知多市知多1丁目1番地の1

　　以上の決定を証するため当書面を作成し，発起人が次に記名押印する。

令和○年○月○日
　甲野株式会社

> 甲野太郎の押印

　発起人　甲野　太郎

就任承諾書の見本

就 任 承 諾 書

　私は，定款の規定により，設立時取締役に定められたので，その就任を承諾いたします。

令和○年○月○日

住　所　　愛知県知多市知多1丁目1番地の1
氏　名　　甲野　太郎

甲野太郎個人の実印で押印

⚠設立時取締役のものと代表取締役のもので2通作成します。

設立登記に関する委任状の見本

委 任 状

住　所　　名古屋市中村区名駅4丁目×番×号
氏　名　　司法書士　福島崇弘
　私は，上記の者を代理人と定め，次の一切の権限を委任する。
記
1．当会社の設立登記申請に関する件
1．添付書類の原本還付請求及び受領に関する件

以下，委任状はここが変わります（121頁，127頁，147頁）

令和○年○月○日

愛知県知多市知多1丁目1番地の1
　甲野株式会社
　　代表取締役　甲野　太郎

会社実印で押印

払込証明書の見本

払 込 証 明 書

　当会社の設立時発行株式については以下のとおり，全額の払込みがあったことを証明します。

設立時発行株式数　　　　　　　　　　　　　　　　　　　　　　100株
（但し，現物出資による設立時発行株式を除く）

払込みを受けた金額　　　　　　　　　　　　　　　　金1,000,000円

令和○年○月○日

甲野株式会社
　設立時代表取締役　甲 野　太 郎

⚠この書面に111頁の通帳を綴じ込み，割り印をしたものが払込証明書となります。

印鑑（改印）届書の見本

印鑑（改印）届書

※　太枠の中に書いてください。

会社実印で押印

(注1)（届出印は鮮明に押印してください。）	商 号・名 称		甲野株式会社
○	本店・主たる事務所		愛知県知多市知多1丁目1番地の1
	印鑑提出者	資 格	代表取締役
		氏 名	甲野太郎
		生年月日	大・㊐・平・西暦　60年1月1日生
□ 印鑑カードは引き継がない。 □ 印鑑カードを引き継ぐ。	会社法人等番号		

印鑑カード番号　_____

前 任 者

(注3)　の印

届出人 (注3)	□印鑑提出者本人　　☑代理人	（市区町村に登録した印） ※代理人は押印不要
住 所	名古屋市中村区名駅4丁目×番×号	
フリガナ	フクシマ　タカヒロ	
氏 名	司法書士　福島　崇弘	

委 任 状

私は，(住所)　　名古屋市中村区名駅4丁目×番×号
　　　　(氏名)　　司法書士　福島崇弘
を代理人と定め，印鑑（改印）の届出の権限を委任します。
令和　　　　年　　　月　　　日
住 所　愛知県知多市知多1丁目1番地の1
氏 名　甲野太郎

甲野太郎個人の実印

(注3)　の印
印　　市区町村に登録した印鑑

☑ 市区町村長の印鑑証明書は，登記申請書に添付のものを援用する。(注4)
(注1)　印鑑の大きさは，辺の長さが1cmを超え，3cm以内の正方形の中に収まるものでなければなりません。
(注2)　印鑑カードを前任者から引き継ぐことができます。該当する□に☑印をつけ，カードを引き継いだ場合には，その印鑑カードの番号・前任者の氏名を記載してください。
(注3)　本人が届け出るときは，本人の住所・氏名を記載し，市区町村に登録済みの印鑑を押印してください。代理人が届け出るときは，代理人の住所・氏名を記載，押印（認印で可）し，委任状に所要事項を記載し，本人が市区町村に登録済みの印鑑を押印してください。
(注4)　この届書には作成後3ヶ月以内の本人の印鑑証明書を添付してください。登記申請書に添付した印鑑証明書を援用する場合は，□に☑印をつけてください。

印鑑処理年月日				
印鑑処理番号	受付	調査	入力	校合

印鑑カード交付申請書の見本

印鑑カード交付申請書

※　太枠の中に書いてください。

照合印

甲野株式会社の実印で押印

(注1) 登記所に提出した 印鑑の押印欄 （印鑑は鮮明に押印して ください。）	商 号・名 称	甲野株式会社		
	本店・主たる 事務所	愛知県知多市知多1丁目1番地の1		
	印鑑提出者	資 格	代表取締役	
		氏 名	甲野太郎	
		生年月日	大 ・㊐・平・西暦　　　　　　　　60年1月1日生	
	会社法人等番号			

申請人（注2）　　□印鑑提出者本人　　　　　　　　☑代理人

住　　　所	名古屋市中村区名駅4丁目×番×号	連絡先	①勤務先　　2自宅
フリガナ	フクシマ　タカヒロ		電話番号
氏　　　名	司法書士　福島　崇弘		052-○○○-×××

委　任　状

私は，（住所）　　　名古屋市中村区名駅4丁目×番×号
　　　（氏名）　　　司法書士　福島崇弘
を代理人と定め，印鑑カードの交付申請及び受領の権限を委任します。
　　令和　　　　　年　　　　　月　　　　　日
　住　所　　愛知県知多市知多1丁目1番地の1
　氏　名　　甲野太郎

甲野株式会社
の実印で押印

印　　［登記所に提出した印鑑］

(注1)　押印欄には，登記所に提出した印鑑を押印してください。
(注2)　該当する□に☑印をつけてください。代理人の場合は，代理人の住所・氏名を記載してください。その場合は，委任状に所要事項を記載し，登記所に提出した印鑑を押印してください。

交　付　年　月　日	印鑑カード番号	担当者印	受領印又は署名

(乙号・9)

(STEP 9) 登記完了

　登記が完了したら，会社実印で押印をしてもらった印鑑カード交付申請書を法務局に提出し，印鑑カードを取得します。この印鑑カードがないと会社の印鑑証明書が取得できません。印鑑証明書を取得するためには，代表者の生年月日が必要なので，事前に写しなどを用意しましょう。

印鑑カード見本

ワンポイント　設立の日付

　株式会社の設立は，お客様の新たな船出となる大切な手続きです。日柄などの関係で設立日をいつにするかもお客様にとっては大切なことです。登記申請日が株式会社の設立日（会社の誕生日）となるからです。

　希望する設立日があれば，それを基準にスケジュールを逆算します。

　設立登記が完了した後も，税務署（国税），地方自治体（法人住民税，法人事業税などの地方税），年金事務所や労働基準監督署，ハローワーク等の役所への手続きも必要となり期限もあります。早めに税理士に相談しましょう。

目的変更登記
飲食業から不動産業に展開する場合

CASE　過去に当事務所で設立登記を行った株式会社Aの代表者であるBが来所した。久しぶりの再会で会話が弾んでいたところ,「これから新しい事業として不動産業を行っていきたい。その際に必要となる登記手続きがあればお願いしたい」と依頼された。

さて,まず確認しないといけないのは,「不動産業」が現在,株式会社Aの事業目的に入っているかです。そのために,株式会社Aの定款の写しと登記情報提供サービスの登記記録から会社の目的欄を確認します。

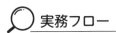

(STEP 1)　謄本を読む

登記情報提供サービスで,登記記録を確認します。その結果,次のようになっていたとします。

株式会社Aの登記記録（抜粋）

会社法人等番号	1800 - 01 - ○○○○○○
商号	株式会社A
本店	名古屋市中区丸の内1番1号
公告をする方法	官報に掲載して行う
会社の成立年月日	令和2年1月31日
目的	1．飲食業 2．上記各号に付帯する一切の業務
発行可能株式総数	200株

発行済み株式の総数並びに種類及び数	100株
資本金の額	100万円
株式の譲渡制限に関する規定	当会社の株式を譲渡により取得するには，株主総会の承認を受けなければならない。
役員に関する事項	取締役　　　　　B 名古屋市中区丸の内1番1号 代表取締役　　B
登記記録に関する事項	設立 令和2年1月31日登記

　目的欄の「飲食業」は「不動産業」とは関連性がありません。「不動産業」を追加する目的変更登記が必要です。単にそのまま登記するのではなく，Bがこの目的変更登記をしてどのような結果を求めているかを考えます。

　不動産業には，売買や賃貸の仲介のほかにもマンションの管理業やビルメンテナンス業なども含まれます。許認可がないと行えない事業もあるのでどのような事業を行いたいかを具体的に確認すべきでしょう。例えば，他人の不動産の売買や賃貸の媒介や代理を行うなら宅地建物取引業の免許が必要です。許認可の専門家である行政書士と連携することになります。

(STEP 2)　行政書士への確認

　事業の内容を具体的に確認し，宅地建物取引業の免許を取得する必要がある場合は，了承を取ったうえで行政書士を紹介します。宅地建物取引業の免許を取得するためには，一定の事項を定款，登記記録に記載しなくてはいけません。登記申請前に，「会社の目的欄にどのような記載をしなければならないのか」を確認します。例としては以下のようになります。

1　飲食業
2　宅地建物取引業

3　上記各号に付帯する一切の業務

　他にも「不動産の売買，賃貸及びその仲介」「不動産の売買，賃貸，仲介及び管理」「不動産の売買，賃貸，交換，分譲，管理及びその仲介又は代理業」などがあるかもしれません。安易に登記すると再度目的変更登記が必要となる恐れがあります。また，宅地建物取引業免許を取得するためには，注意すべきことが沢山ありますので，行政書士と連携することが大切です。宅建業免許で注意することは以下の通りです。

- 代表者の他の会社役員との兼任の有無はどうか。政令で定める使用人が必要となる場合があるので注意する。
- 専任の宅地建物取引士はいるか（常勤の宅地建物取引士が業務に従事する5名に1名の割合で必要）を確認する。
- 本店所在場所において，出入口など宅地建物取引業の規定する事務所要件を満たしているかを確認する。

(STEP 3)　登記に必要な書類を作成
　書類を作成，押印してもらいます。

目的変更登記に必要な書類

□株主総会議事録（122頁）
□株主リスト（123頁）
□目的変更登記申請に関する委任状（114頁参考）

　別途，株主総会での決議が有効に成立しているかの確認もしなければなりませんので，株主構成を確認します。具体的には，株主名簿や税理士の作成している法人税申告書の別表2等をもらいます。

［株主総会議事録の見本］

臨時株主総会議事録

　令和5年2月1日午前11時30分より本店において，臨時株主総会を開催した。

株主の総数	1名
発行済株式の総数	100株
議決権を行使することができる株主の数	1名
議決権を行使することができる株主の議決権の数	100個
出席した株主の数（委任状による者を含む）	1名
出席した株主の議決権の数	100個

出席役員等　　代表取締役　　　B　（議長兼議事録作成者）

　上記のとおり出席があったので，本株主総会は適法に成立した。
　定刻代表取締役Bは定款の規定により議長となり，開会を宣し直ちに議事に入った。

　　　第1号議案　　　定款一部変更の件
　議長は定款変更の理由を詳細に説明し，その賛否を議場に諮ったところ，全員一致をもって原案どおり可決確定した。
　　　　　　　　　　　　　　　記
　定款第2条を次のとおり変更すること。
（目　的）
　1　飲食業
　2　宅地建物取引業
　3　上記各号に付帯する一切の業務

　以上をもって本総会の議案全部を終了したので，議長は閉会の挨拶を述べ，午前11時45分散会した。
　上記の決議を明確にするため，この議事録を作成し，議長並びに出席代表取締役が次に記名押印する。

令和5年2月1日

　　株式会社A　臨時株主総会
　　　議長
　　　代表取締役　　　B

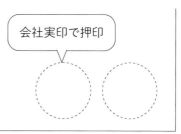

会社実印で押印

株主の氏名又は名称，住所及び議決権数等を証する書面の例（株主リスト）

証　明　書

　次の対象に関する商業登記規則61条2項又は3項の株主は次のとおりであることを証明する。

対象	株主総会等又は総株主の同意等の別	株主総会
	上記の年月日	令和5年2月1日
	上記のうち議案	全議案

	氏名又は名称	住所	株式数（株）	議決権数	議決権数の割合
1	B	名古屋市中区丸の内1番1号	100	100	100%
2		⋮			
		合計	100		100%
		総議決権数	100		

令和5年2月1日
株式会社A

代表取締役　　　B

STEP 4 登記申請

　書類をもとに申請をしていきます。宅地建物取引業免許の手続きにも時間がかかるので，早めに申請しましょう。

STEP 5 登記完了

　登記が完了したら，履歴事項全部証明書を取得し，還付書類と一緒に納品します。履歴事項全部証明書は宅地建物取引業免許手続きでも必要なため，通常より多く取得するかどうかも聞きましょう。

ワンポイント 会社の目的はできるだけ具体的に

　会社の目的には，許認可以外で金融機関の融資，補助金手続きなどさまざまな場面で影響してきます。できる限り具体的に事業内容を確認し，将来的に行う予定の事業もあれば併せて登記しておくのが望ましいでしょう。ただし，一部事業目的については，合併などの組織再編の際に追加書類が必要となる可能性もあるので注意が必要です。

📖 オリジナル問題

問　合併の登記申請書に記載する「登記すべき事項」中の「合併の年月日」は，必ず吸収合併契約書に記載された「効力発生日」となる。

答　誤り。合併について官庁の「認可」が効力要件とされている場合で「認可書」の到達日が「効力発生日」より遅いときは，「認可書の到達日」となるため（会社法第910条，『商業登記書式精義（全訂第四版）』1,197頁）。例えば，一般旅客自動車運送業を営んでいる会社が合併する場合には，国土交通大臣の認可を受ける必要となるため，追加で認可書等の書類を添付する可能性があります。（道路運送法第36条第2項）

3

役員変更登記
建設業の場合

> **CASE** 日ごろから取引のある株式会社X建設の代表者であるAが来所した。「この度，取締役Bが役員の立場を退き，今後はCを我が社の取締役として業務を任せたい」との相談であった。B及びCと面談すると，「Aの言っている内容で間違いないので役員変更の登記をお願いしたい」と依頼された。株主は，Aのみであった。

　役員変更の相談です。株式会社には任期があるので定期的に役員変更登記が必要となります。商業登記の中では最も身近な登記といえますが，奥が深い手続きです。

　それでは，まずは依頼者である株式会社X建設の定款の写しと登記情報提供サービスの登記記録を見ていきましょう。

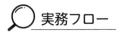 実務フロー

(STEP 1)　謄本を読む

　登記情報提供サービスで，登記記録を確認します。その結果，次のように
なっていたとします。

株式会社X建設の登記記録（抜粋）

会社法人等番号	1800 - 01 - ○○○○○○
商号	株式会社X建設
本店	名古屋市中区丸の内1番1号
公告をする方法	官報に掲載して行う
会社の成立年月日	平成25年1月4日
目的	1．建設業 2．塗装工事業 3．上記各号に付帯する一切の業務
発行可能株式総数	400株
発行済み株式の総数並びに種類及び数	100株
資本金の額	500万円
株式の譲渡制限に関する規定	当会社の株式を譲渡により取得するには，株主総会の承認を受けなければならない。
役員に関する事項	取締役　　　A 取締役　　　B 名古屋市中区丸の内1番1号 代表取締役　A
登記記録に関する事項	設立 平成25年1月4日登記

　登記記録を確認し，定款の内容にも問題はなさそうです。単純に取締役
Bの辞任による退任登記をし，新たにCを取締役として登記します。

　ただし，目的変更登記の際と同じく，許認可には注意が必要です。株式
会社X建設は，目的欄を見る限り，建設業の許可を持っている可能性があ
るからです。何も考えずに役員構成を変更すると許認可が維持できなくな

ります。

　建設業許可を受けるためには，経営業務管理責任者等を設置しなければならないとされています。建設業の許可を受けようとする者が法人である場合には，常勤の役員のうちの１人が，一定の要件を備えていなければなりません。

　建設業の経営は他の産業の経営とは著しく異なった特徴を有しているため，適正な建設業の経営を期待するためには，建設業の経営業務について一定期間の経験を有した者が最低でも１人は必要です。もしＢが株式会社Ｘ建設の経営管理責任者で完全に株式会社Ｘ建設から引退するのであれば，代わりの誰かがこの経営管理責任者の要件を満たしていなければいけません。行政書士と連携しながら進める必要があります。

（STEP 2）　行政書士への確認

　株式会社Ｘ建設の建設業許可申請を担当している行政書士に確認し，問題がないようであれば手続きを進めます。Ａまたは新たな取締役Ｃなどが要件を満たしているかをお客様と行政書士との間で確認してもらいます。

（STEP 3）　登記に必要な書類作成

　行政書士に確認し問題なければ，株主総会の決議をしてもらい登記申請書類を作成します。

役員変更登記に必要な書類

□株主総会議事録（128頁）
□株主リスト（123頁参考）
□Ｂの辞任届（129頁）
□Ｃの就任承諾書（114頁参考）
□変更登記申請に関する委任状（114頁参考）
□Ｃの印鑑証明書（有効期間３ヶ月以内）

＜株主総会議事録見本＞

臨時株主総会議事録

令和5年2月1日午前11時30分より本店において，臨時株主総会を開催した。

株主の総数	1名
発行済株式の総数	100株
議決権を行使することができる株主の数	1名
議決権を行使することができる株主の議決権の数	100個
出席した株主の数（委任状による者を含む)	1名
出席した株主の議決権の数	100個

出席役員等　　代表取締役　　A　　　取締役B

　上記のとおり出席があったので，本株主総会は適法に成立した。
　定刻代表取締役Aは定款の規定により議長となり，開会を宣し直ちに議事に入った。

第1号議案　　　取締役の選任の件

　議長は，取締役Bが本株主総会終了をもって，辞任により退任するので新たな取締役を選任する必要がある旨を述べ，その選任方法を総会に諮ったところ，出席株主中よりその指名を議長に一任したいとの発言があり，全員異議なくこれに賛成した。
　議長は下記の者を指名し，その賛否を議場に諮ったところ，全員一致をもってこれに賛成したので，下記のとおり可決確定した。

取締役　　　C

　以上をもって本総会の議案全部を終了したので，議長は閉会の挨拶を述べ，午前11時45分散会した。
　上記の決議を明確にするため，この議事録を作成し，議長並びに出席代表取締役及び取締役が次に記名押印する。

令和5年2月1日

　　株式会社Ｘ建設　臨時株主総会
議　　　長
代表取締役　　　Ａ

取締役　　　Ｂ

会社実印で押印

Ｂの押印

辞任届見本

辞　任　届

　私は，このたび一身上の都合により，貴社の取締役を辞任いたしたく，お届け
いたします。

令和5年2月1日

　名古屋市中区丸の内1番1号
　Ｂ

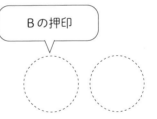

Ｂの押印

(STEP 4) 登記申請

　書類をもとに申請をします。建設業許可を持っている法人が役員を新た
に選任する場合や退任した場合には，役員変更届が必要です。行政書士に
は登記申請した旨の報告連絡を入れておきます。

(STEP 5) 登記完了

　登記が完了したら，履歴事項全部証明書を取得し，還付書類と一緒に納
品します。履歴事項全部証明書と定款の写し等が行政書士の方でも必要と
なることが多いので，履歴事項全部証明書を何通取得するかをお客様に確
認する必要があります。

ワンポイント　役員変更の注意点

　事業譲渡等のM&Aや代表者の相続では，役員構成が大きく変わります。

　許認可業務は司法書士業務ではありませんが，登記の内容が他の業務に影響を及
ぼす可能性があるので注意です。また，役員変更で忘れがちなのは，代表者が交代
した場合の印鑑届書と印鑑カード交付申請書です（116〜117頁参照）。従来の印鑑
カードを引き継ぐ場合には，印鑑カード番号を確認する必要があります。引き継が
ない場合には印鑑カード交付申請書が必要となります。

ワンポイント　**辞任届の印鑑について**

　「法務局に印鑑を届出ている代表取締役」の辞任による役員変更の登記申請する場合は，辞任届に，代表取締役の個人の実印を押印し，個人の印鑑証明書を添付するか，辞任届に，その代表取締役の法務局に届出ている印（法人の実印）を押印するか，のいずれかの方法となるので，印鑑に注意しなければなりません。

試験ではこう出た！　**司法書士試験（平27）**

問　登記所に印鑑を提出している代表取締役が辞任した場合の変更の登記の申請書には，当該代表取締役が辞任を証する書面に押した印鑑について，当該印鑑と当該代表取締役が登記所に提出している印鑑とが同一であるときを除き，市町村長の作成した印鑑証明書を添付しなければならない。

答　正しい。登記所に印鑑を提出している代表取締役が辞任した場合の変更の登記の申請書には，当該代表取締役が辞任を証する書面に押した印鑑について，当該印鑑と当該代表取締役が登記所に提出している印鑑とが同一であるときを除き，市町村長の作成した印鑑証明書を添付しなければならない（商業登記規則第61条第8項）。

4 資本金変更（減資）登記

債権者保護手続き

> **CASE**　令和5年1月10日に当事務所に普段から付き合いのある税理士X先生と株式会社Aの代表者であるBが来所した。税理士XとBの話によると「今期の決算までの間に資本金1,000万円のうち金100万円を減資して資本金900万円としたいので，その手続きをお願いしたい」とのことであった。

まずは，登記記録を確認していきます。

 実務フロー

（STEP 1） 謄本を読む

　登記情報提供サービスで，登記記録を確認します。その結果，次のようになっていたとします。

株式会社Aの登記記録（抜粋）

会社法人等番号	1800 - 01 - ○○○○○○
商号	株式会社A
本店	名古屋市中区丸の内1番1号
公告をする方法	官報に掲載して行う
会社の成立年月日	平成30年8月1日
目的	1．建設業 2．塗装工事業 3．上記各号に付帯する一切の業務
発行可能株式総数	400株

発行済み株式の総数並びに種類及び数	100株
資本金の額	1,000万円
株式の譲渡制限に関する規定	当会社の株式を譲渡により取得するには，株主総会の承認を受けなければならない。
役員に関する事項	取締役　　　　B 名古屋市中区丸の内1番1号 代表取締役　B
登記記録に関する事項	設立 平成30年8月1日登記

さて，決算期は登記されていませんので，定款を確認していきます。

定　款

定　款

第1章　総　　則

（商　　号）
第1条　当会社は，株式会社Aと称する。
　　　　　　：

（一部省略）
第5章　計　　算

（事業年度）
第27条　当会社の事業年度は，毎年7月1日から6月30日までの年1期とする。

(STEP 2)　手続きの流れを組み立てる

　さて，定款から決算期は6月末とわかりました。間に合うようにスケジュールを組んでいかなければなりません。

　現在，1月10日だとして，これからどのような手続きが必要となるか手続きの流れを組み立てていきましょう。債権者保護手続きの関係から，で

きれば3ヶ月前には遅くても着手したいところです。更に時間がかかる場合がありますので，スケジュール管理が大切です。

STEP 3　株主総会での資本金減少の決議

株主総会において，「資本金の減少する金額」「減少した資本金のうち全部又は一部を準備金とするときは，その旨及びその額」「効力発生日」について承認を受けます。

資本金減少の決議（一部抜粋）

臨時株主総会議事録

第1号議案 資本金の額の減少に関する件
　議長は，資本金1,000万円のうち金100万円を減少して金900万円としたい旨を 述べ，以下の事項につきその承認を求めたところ，満場異議なくこれを承認可決 した。

記

1　減少する資本金の額 金100万円
2　効力発生日 令和5年5月30日

上記の決議を明確にするため，この議事録を作成し，議長並びに出席代表取締役が次に記名押印する。

　令和5年4月1日　　　株式会社A臨時株主総会
　　　　　　　　　　　　議長
　　　　　　　　　　　　代表取締役　B　　　　　㊞
＊　本決議は適法に可決された。

(STEP 4) 債権者保護手続き

　資本金を減少するときは，1ヶ月以上の期間を設け，債権者保護手続きをしなければなりません（会社法第449条）。次の事項を官報に公告して，知れたる債権者には個別に催告をします（会社法第449条2項）。

①資本金の額の減少の内容
②最新の貸借対照表又はその要旨が掲載されている場所
③債権者が一定の期間内（1ヶ月以上）に異議を述べることができる旨

　官報の記載としては，次のような文書になります。

官報の記載（一部抜粋）

資本金の額の減少公告

　当社は，資本金の額を100万円減少し900万円とすることにいたしました。この決定に対し異議のある債権者は，本公告掲載の翌日から1箇月以内にお申し出下さい。なお，事業年度最終貸借対照表の開示状況は次のとおりです。

「省略」

> 決算公告をしていない
> 株式会社は注意。

令和5年4月20日
　　名古屋市中区丸の内1番1号
　　　株式会社A
　　　　代表取締役　B

　官報の公告は，申し込み後すぐには掲載されません。2週間程度の期間を要しますので，減資の効力発生日の2ヶ月前までには申し込みが必要です。

　また，「株式会社」で公告方法が官報の場合には，決算公告も行います（会社法第440条1項）。資本金の減少の公告及び催告には，この決算公告

の内容を掲載します（会社法第449条2項）。つまり，最新の決算公告をしていない一定の株式会社は，資本金減少の公告と同時に決算公告も行います。

　決算公告を同時に行う場合，官報の申し込みから掲載までの期間がさらにかかります。通常より2週間以上かかることもあります。

　また，決算公告と同時期に知れたる債権者には個別に催告もします。

⚠合同会社については決算公告義務がないため資本金減少の公告のみで足りるので，株式会社よりは早く手続きができることがあります。

(STEP 5)　効力発生

　債権者保護手続きの期間中に異議を述べる債権者がいなければ，株主総会で定めた効力発生日に減資の効力が生じます。

(STEP 6)　登記申請

　効力が発生すれば，債権者保護手続きが適法に行われたかを確認して登記申請をします。株主総会議事録，官報，催告書及び債権者一覧表（催告したことを証する書面），委任状が必要書類です。

(STEP 7)　登記完了

　登記申請後約1週間〜10日で登記が完了します。履歴事項全部証明書を取得し，納品します。

ワンポイント　**商業登記はスケジューリングが大事**

　商業登記は，債権者保護手続きなどのように登記申請までに行わないといけない手続きがあり，スケジュール管理が非常に重要です。休日や祝日に注意しながら期間の計算をします。

　民法には，「期間の末日が日曜日，国民の祝日に関する法律（昭和二十三年法律第百七十八号）に規定する休日その他の休日に当たるときは，その日に取引をしない慣習がある場合に限り，期間は，その翌日に満了する（第142条）」と規定があります。

　つまり，満了日が（日曜日や祝日）となる場合には，その翌日が満了日となるので，効力発生日までの期間が数日余分に必要となります。GWや正月が満了日になる場合（4月や11月の債権者保護手続き）には注意が必要です。

例
官報掲載日　　　　　　→　4月5日
債権者保護手続き起算日　→　4月6日
債権者保護手続き満了日　→　5月6日「5月5日は祝日（こどもの日）であるため満了日とならない」

試験ではこう出た！　**司法書士試験（平22）**

問　株式会社において，資本金の額を減少する場合には，欠損のてん補を目的とする場合であっても，債権者保護手続を執らなければならない。

答　正しい。株式会社において資本金の額を減少する場合には，常に債権者保護手続きが必要（会社法第499条）。

本店移転登記
都道府県をまたぐ移転

> **CASE**　以前，設立のお手伝いをさせていただいた，株式会社Ｚの代表
> 取締役であるＡが来所しました。
> Ａの話によると「この度，業務拡大のため本店を新たな場所に移そうと
> 思っている。その手続きをお願いしたい。新しい本店は，三重県津市新町
> 1番1号で，本店移転日は8月1日としたい。株主はＡのみである」との
> ことでした。

いつも通り，定款の写しと登記情報を確認をしていきます。

 実務フロー

(STEP 1)　謄本を読む

登記情報提供サービスで，登記記録を確認します。その結果，次のよう
になっていたとします。

株式会社Ａの登記記録（抜粋）

会社法人等番号	1800 - 01 - ○○○○○○
商号	株式会社Ｚ
本店	名古屋市中区丸の内1番1号
公告をする方法	官報に掲載してする
会社の成立年月日	平成30年8月1日
目的	1．宅地建物取引業 2．塗装工事業 3．上記各号に付帯する一切の業務

発行可能株式総数	400株
発行済み株式の総数並びに種類及び数	100株
資本金の額	1,000万円
株式の譲渡制限に関する規定	当会社の株式を譲渡により取得するには，株主総会の承認を受けなければなければならない。

(STEP 2)　必要書類を揃える

　本店移転登記の必要書類は，下記のとおりです。

本店移転登記に必要な書類

□株主総会議事録（141頁）
□取締役決定書（143頁）
□株主リスト（123頁参考）
□委任状（140頁）※1
□印鑑届書（116頁）
□印鑑カード交付申請書（117頁）※2
□Aの印鑑証明書（発行から3カ月以内）※3

※1　委任状は，旧本店所在地と新本店所在地の計2通必要なので注意。
※2　新しい本店所在地を管轄する登記所での印鑑カードを再度取得するので印鑑カード交付申請書も準備する。
※3　新しい本店所在地を管轄する登記所に再度印鑑届出書を提出する必要があるので，代表取締役Aの個人の印鑑証明書も準備してもらう。

変更前の本店所在地を管轄する登記所宛ての委任状

委 任 状

名古屋市中村区名駅4丁目×番×号
司法書士　福島　崇弘

　私は，上記の者を代理人に定め，次の権限を委任する。

1　令和5年8月1日に当会社の本店を移転したので，その登記の申請に関する
　　一切の件
1　原本還付の請求及び受領の件

代表取締役が【旧所在地】を管轄する登記所に提出している印鑑を押します。

　　令和5年8月1日

変更後の本店を記載します。

三重県津市新町1番1号
株式会社Z
　代表取締役　　A

変更後の本店所在地を管轄する登記所宛ての委任状

委 任 状

名古屋市中村区名駅4丁目×番×号
司法書士　福島　崇弘

　私は，上記の者を代理人に定め，次の権限を委任する。

1　令和5年8月1日に当会社の本店を移転したので，その登記の申請に関する
　　一切の件
1　原本還付の請求及び受領の件

代表取締役が【新所在地】を管轄する登記所に提出している印鑑を押します。

　　令和5年8月1日

変更後の本店を記載します。

三重県津市新町1番1号
株式会社Z
　代表取締役　　A

STEP 3　定款変更のための株主総会議事録・取締役決定書の作成

　今回は，名古屋市中区の本店が，三重県津市に変更となるので，定款を変更しなければなりません。定款変更は株主総会で行います。

　移転先の具体的な住所（三重県津市新町1番1号とする）や移転日については，通常は取締役会又は取締役の決定で行います。

　※非取締役会設置会社の場合には，株主総会で決定することもできます（今回のケースでは，取締役の決定によって行うとします）。

　なお，取締役会設置会社の場合には，原則として取締役会で決定します。

　例外的に定款で，「本店所在地について株主総会で決議することができる」旨の定めがある場合には，株主総会で決議することができます。

　それでは，実際に議事録等の書類を作成していきましょう。

株主総会議事録見本

臨時株主総会議事録

令和5年7月1日午前11時30分より本店において，臨時株主総会を開催した。

株主の総数	1名
発行済株式の総数	100株
議決権を行使することができる株主の数	1名
議決権を行使することができる株主の議決権の数	100個
出席した株主の数（委任状による者を含む）	1名
出席した株主の議決権の数	100個

出席役員等　　代表取締役　　A（議長兼議事録作成者）

上記のとおり出席があったので，本株主総会は適法に成立した。
定刻代表取締役Aは定款の規定により議長となり，開会を宣し直ちに議事に入った。

第1号議案　　定款一部変更の件
　議長は，業務の都合上，本店を三重県津市に移転したいことを述べ，その理由を説明し，定款3条を次のとおり変更したい旨を述べ，その賛否を問うたところ，満場異議なくこれを承認可決した。

　　　　　　　　（本店）第3条 当会社は，本店を三重県津市に置く

以上をもって本総会の議案全部を終了したので，議長は閉会の挨拶を述べ，午前11時45分散会した。

上記の決議を明確にするため，この議事録を作成し，議長並びに出席代表取締役が次に記名押印する。

令和5年7月1日

　　　株式会社Z　臨時株主総会
　　　　議長
　　　　代表取締役　　　A

　　　　取締役　　　B

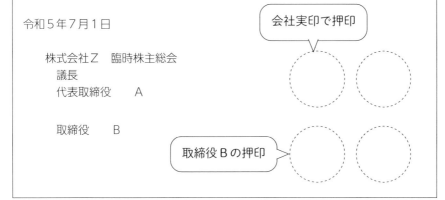

会社実印で押印

取締役Bの押印

【取締役決定書の見本】

取締役決定書

令和5年7月2日，当会社取締役の全員一致（又は過半数）をもって，次の事項を決定した。

1　決定事項　本　　　店　　　三重県津市新町1番1号
　　　　　　　移転の時期　　　令和5年8月1日
　　　　　　　　　　　　　　　　　　　　　　　　　　　に移転すること。

上記の決定を明確にするため，この決定書を作成し，出席取締役がこれに記名押印する。

令和5年7月2日

株式会社Z　　　出席取締役　　　A

　　　　　　　取締役　　　　　B

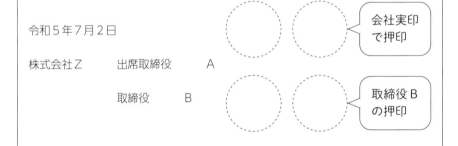

会社実印
で押印

取締役B
の押印

ワンポイント　都道府県をまたぐ移転

　本店移転で都道府県をまたぐ移転をする場合には，許認可にも注意が必要です。許可は都道府県単位となっていることが多いためです。

　例えば，建設業の知事許可の場合は，今回の事例のように名古屋市に旧本店地がある場合には，主たる営業所も名古屋市として愛知県知事の許可を取得していることが多く見られるため，その本店を三重県津市に変更する場合には，単なる変更届出ではなく，三重県知事への許可換え新規の手続きが必要になります。

　また，宅地建物取引業の免許を取得している場合にも，本店が移転することで新しい三重県知事への免許換えの手続きと保証協会の変更届出（又は営業保証金の保管替え手続き）等が必要となりますので，新しい本店地が許認可の要件を満たすかを行政書士に確認して進めていくとよいでしょう。

📖 試験ではこう出た！　司法書士試験（平19）

問　他管轄区域内への本店移転の登記を代理人によって申請する場合には，旧所在地を管轄する登記所及び新所在地を管轄する登記所に対する申請書のいずれにも，代理人の権限を証する書面を添付しなければならない。

答　正しい。いずれの登記所にも代理人の権限を証する書面を添付しなければならない（商業登記法第18条）。

6 解散・清算結了登記
建設業の場合

> **CASE** 令和4年12月27日，年末に差しかかり，そろそろ仕事納めという時分に，税理士Xと定期的に役員変更登記（役員の重任）業務で付き合いのある株式会社Zの代表取締役であるAが来所した。
> 税理士XとAの話によると「ずいぶん長く会社をやってきたけど，そろそろ会社を閉めようと思う。特にいつまでにとは決めていないが，年が明けたらできるだけ早く会社の清算手続きを行いたい。1月4日に会社解散について，株主総会の決議を得る予定であるので，その後の手続きをお願いしたい。株主はAのみである」とのことであった。

いつも通り，定款の写しと登記記録を確認していきます。

 実務フロー

(STEP 1) 謄本を読む

　登記情報提供サービスで，登記記録を確認します。その結果，次のようになっていたとします。

株式会社Zの登記記録（抜粋）

会社法人等番号	1800 - 01 - ○○○○○○
商号	株式会社Z
本店	名古屋市中区丸の内1番1号
公告をする方法	官報に掲載して行う
会社の成立年月日	平成30年8月1日

目的	1．建設業 2．塗装工事業 3．上記各号に付帯する一切の業務
発行可能株式総数	400株
発行済み株式の総数並びに種類及び数	100株
資本金の額	1,000万円
株式の譲渡制限に関する規定	当会社の株式を譲渡により取得するには，株主総会の承認を受けなければならない。
役員に関する事項	取締役　　　　A 名古屋市中区丸の内1番1号 代表取締役　A
登記記録に関する事項	設立 平成30年8月1日登記

(STEP 2)　登記の流れを組み立てる

　登記記録を見たら，清算結了登記までの流れを組みます。今回は，特に期限がないとのことでしたが，決算期などの関係で期限があることが多いです。その場合には，逆算して予定を組みます。

①株主総会にて会社解散決議に伴う登記必要書類作成と押印

②解散，清算人就任の登記（解散日から2週間以内）

③登記完了と各所への解散の届出（解散したことによる税務，社会保険などの手続）

④財産目録および貸借対照表の作成（清算人が就任後遅滞なく作成する）

⑤債権者保護手続き（官報公告及び知れたる債権者への個別催告）

　▲2ヶ月以上かかります！

⑥税務署へ解散確定申告書の提出（解散日翌日から2週間以内）

⑦残余財産の確定および分配（債務弁済や債権回収，固定資産の換金など行う）

⑧税務署へ清算確定申告書の提出（残余財産確定から1ヶ月以内）

⑨清算人の決算報告書作成および株主総会承認に伴い登記書類作成と押印

⑩清算結了の登記

⚠資本金減少の場合と同じく債権者保護手続きも必要となる関係で，清算人の就任日から清算結了までに最低でも２ヶ月以上の期間（官報申し込みの期間もあるので３ヶ月以上の期間）がかかりますので，清算人就任日と清算結了日は必ず確認しましょう。

(STEP 3)　株主総会で会社解散決議に伴う登記必要書類作成と押印

　解散事由で最も多いのは，株主総会での解散決議による解散です。

　解散すると取締役，代表取締役は職権により抹消されてしまうため，通常は解散決議と同時に清算人を選任していきます。

　今回の場合，代表取締役Aがそのまま代表清算人に就任をしますが，資格が代表清算人に変更されるため，再度印鑑届出をしていく流れとなります。

必要書類

□定款（103頁参考）
□株主総会議事録（148頁）
□Aの就任承諾書（114頁参考）
□株主リスト（123頁参考）
□解散登記申請と清算人選任登記申請の委任状（114頁参考）
□印鑑届出書（116頁参考）
⚠印鑑提出者の資格を代表取締役から代表清算人に変更
□Aの印鑑証明書（発行から３ヶ月以内）

　定款以外に次のような書類を作成します。

株主総会議事録の見本

臨時株主総会議事録

令和５年１月４日午前８時30分より本店において，臨時株主総会を開催した。

株主の総数	1名
発行済株式の総数	100株
議決権を行使することができる株主の数	1名
議決権を行使することができる株主の議決権の数	100個
出席した株主の数（委任状による者を含む）	1名
出席した株主の議決権の数	100個

出席役員等
代表取締役　　Ａ（議長兼議事録作成者）

　上記のとおり出席があったので，本株主総会は適法に成立した。
　定刻代表取締役Ａは定款の規定により議長となり，開会を宣し直ちに議事に入った。

第１号議案　　当会社解散の件
　議長は，当会社を解散せざるをえなくなった事情を述べたうえ，会社解散の可否につき諮ったところ，全員異議なく賛成し，令和５年１月４日をもって解散することを可決確定した。

第２号議案　　清算人選任の件

　議長は，解散に伴い，清算人を選任する必要がある旨を述べ，その選任方法を諮ったところ，出席株主中よりその指名を議長に一任したいとの発言があり，全員異議なくこれに賛成した。
　議長は下記の者を清算人に指名し，その賛否を議場に諮ったところ，全員一致をもってこれに賛成したので，下記のとおり可決確定した。

清算人　　Ａ

第３号議案　　代表清算人選定の件

148

　　議長は，当会社の代表清算人を選定する必要がある旨を述べ，慎重協議の結果，全員異議なく賛成したので，代表清算人を下記のとおり可決確定した。

　　　　　名古屋市中区丸の内1番1号　　　　　代表清算人　　　A

　　以上をもって本総会の議案全部を終了したので，議長は閉会の挨拶を述べ，午前9時00分散会した。

　　上記の決議を明確にするため，この議事録を作成し，議長並びに出席代表取締役が次に記名押印する。
　　令和5年1月4日

　　株式会社Z　臨時株主総会

　　議長
　　代表取締役　　　A

(STEP 4)　解散および清算人の登記申請

　　解散日から2週間以内に，本店の所在地で解散の登記をします。

解散の登記

株式会社解散・清算人登記申請書

1．会社法人等番号　1800 - 01 - ○○○○○○
　　フリガナ　　　　ゼット
1．商　　　号　　　株式会社Z
1．本　　　店　　　名古屋市中区丸の内1番1号
1．登記の事由
　　　　解散
　　　　令和5年1月4日　清算人選任
　　　　令和5年1月4日　代表清算人選任
1．登記すべき事項

```
        別紙のとおり
１．登録免許税                                    金39,000円
１．添付書類
    定款                                              1通
    株主総会議事録                                    1通
    株主の氏名又は名称，住所及び議決権数等を証する書面（株主リスト）  1通
    就任承諾を証する書面                              1通
    委任状                                            1通
    印鑑証明書                                        1通


上記のとおり登記の申請をする。


    令和5年1月5日


    申　請　人　　株式会社Z
        名古屋市中区丸の内1番1号
            代表清算人　　A
        名古屋市中村区名駅4丁目×番×号
            上記代理人　司法書士　福島崇弘
```

```
別紙
別紙（登記すべき事項）
「解散」
令和5年1月4日株主総会の決議により解散
「役員に関する事項」
「資格」清算人
「氏名」A
「役員に関する事項」
「資格」代表清算人
「住所」名古屋市中区丸の内1番1号
「氏名」A
```

STEP 5　各機関への解散の届出

　解散及び清算人就任登記が無事に完了したら，各機関への税務などの手
続きが必要となりますので，代表清算人Aと税理士Xに報告し，やり取り

をしましょう。期限付きの手続きもあるので，できるだけ早めに報告します。

(STEP 6)　財産目録および貸借対照表の作成

代表清算人Aは株式会社Zの財産を調査し，財産目録および貸借対照表を作成していきます。

(STEP 7)　債権者保護手続き

債権者は，債権を回収する機会を知らずに進められては困るので，清算人は会社債権者に対して，会社の解散を知らせるために官報公告及び個別催告を行い，債権者保護手続きを行っていきます。

▲官報公告において債権者に会社の解散を知らせ，2ヶ月以上の一定期間内に申し出るよう呼びかけます。

官報公告

解散公告

当社は，令和5年1月4日開催の株主総会の決議により解散いたしましたので，当社に債権を有する方は，本公告掲載の翌日から二箇月以内にお申し出下さい。
なお，右期間内にお申し出がないときは清算から除斥します。

令和5年1月21日

名古屋市中区丸の内1番1号
株式会社Z
代表清算人　A

官報掲載は申し込みしたら直ぐに掲載できるとは限らないので注意。

　債権者保護手続きでは，官報を債権者が見ていない可能性もあるので，株式会社Z側で把握している債権者（例えば決算書に記載されている債権者など）に対しては個別に催告をしなければなりません。

個別催告

令和5年1月21日
　債権者　各位

名古屋市中区丸の内1番1号
株式会社Z
代表清算人　A

催　告　書

　時下益々御清祥のことと存じ上げます。
　今般，当社は令和5年1月4日の株主総会において解散することを議決いたしました。つきましては，当社に債権をお持ちの方は，令和5年3月31日までに，その旨を当社までお申し出下さるよう，会社法第499条1項の規定に基づき催告します。

STEP 8　税務署へ解散確定申告書の提出

　税理士Xより確定申告書を税務署に提出します。

STEP 9　資産の現金化，債務弁済，残余財産の確定および分配

　清算人は既存の債権を回収や債務の弁済，不動産などの資産を売却して換金するなどします。弁済については，債権者が確定した後となるので，債権者保護手続き終了後に行い，弁済後に残余財産がある場合には株主に分配します。

STEP10　税務署へ清算確定申告書の提出

　税理士Xが税務署へ「清算確定申告書」を提出します。

STEP11 決算報告書作成および株主総会での承認に伴う登記書類の作成と押印

　清算人が清算事務の完了後に遅滞なく決算報告書を作成し株主総会での承認を受けます。これに伴い清算結了登記書類を作成していきます。

▲この際に「貸借対照表と財産目録」を預かり，書類作成していきます。

株主総会議事録

臨時株主総会議事録

　令和5年4月20日午前8時30分より本店において，臨時株主総会を開催した。

株主の総数	1名
発行済株式の総数	100株
議決権を行使することができる株主の数	1名
議決権を行使することができる株主の議決権の数	100個
出席した株主の数（委任状による者を含む）	1名
出席した株主の議決権の数	100個

出席役員等
代表清算人　　　A（議長兼議事録作成者）

　上記のとおり出席があったので，本株主総会は適法に成立した。
　定刻代表清算人Aは定款の規定により議長となり，開会を宣し直ちに議事に入った。
　　第1号議案　　　清算結了承認の件

　議長は，当会社の清算結了に至るまでの経過を詳細に報告し，別紙決算報告書を朗読し，その承認を求めたところ，全員異議なく，これを承認した。

　以上をもって本総会の議案全部を終了したので，議長は閉会の挨拶を述べ，午前11時45分散会した。

　上記の決議を明確にするため，この議事録を作成し，議長並びに出席代表清算人が次に記名押印する。

令和5年4月20日

　　株式会社Z　臨時株主総会

　　　議長
　　　代表清算人　　A

決算報告書

決算報告書

1　令和○年○月○日から令和○年○月○日までの期間内に取立て，資産の処分その他の行為によって得た債権の総額は，金○円である。
1　債務の弁済，清算に係る費用の支払その他の行為による費用の額は，金○円である。
1　現在の残余財産の額は，金○円である。
1　令和○年○月○日，清算換価実収額金○円を，次のように株主に分配した。
1　優先株式○株に対し総額　金○円（ただし，1株につき金○円の割合）
1　普通株式○株に対し総額　金○円（ただし，1株につき金○円の割合）

　上記のとおり清算結了したことを報告する。

　令和5年4月20日
　　　　　　　　株式会社Z
　　　　　　　　　代表清算人　　A

⚠その他，株主リストと清算結了登記に対する委任状を添付します。

STEP12　清算結了の登記申請

　株主総会で清算事務報告の承認を受けてから2週間以内に，法務局に清算結了の登記申請を行います。

清算結了の登記申請

株式会社清算結了登記申請書

1．会社法人等番号　1800 - 01 - ○○○○○○
　　フリガナ　　　　ゼット
1．商　　　号　　　株式会社Z
1．本　　　店　　　名古屋市中区丸の内1番1号
1．登記の事由　　　清算結了
1．登記すべき事項
　　　　令和5年4月20日清算結了

> 債権者保護手続きとの
> 関係に注意する

1．登録免許税　　　　　　　　　　　　　　　　　　　金2,000円
1．添付書類
株主総会議事録（決算報告書を含む。）　　　　　　　　　1通
株主の氏名又は名称，住所及び議決権数等を証する書面（株主リスト）　1通
委任状　　　　　　　　　　　　　　　　　　　　　　　1通

上記のとおり登記の申請をする。

　令和5年4月21日

　　　申　請　人　　株式会社Z
　　　名古屋市中区丸の内1番1号
　　　　代表清算人　　　A
　　　名古屋市中村区名駅4丁目×番×号
　　　　上記代理人　司法書士　福島崇弘

名古屋法務局　　御中

(STEP13)　登記完了，各機関に対する解散の届出

　清算結了登記が完了したら閉鎖事項全部証明書を取得し，納品します。

ワンポイント　清算会社の不動産に注意

　清算をするにあたって，法人名義の不動産がある場合には注意が必要です。

　清算結了するためには，法人名義の不動産も処分しなければなりません。

　そのため，清算人や税理士の把握していない不動産が後日発見されたような場合には，清算手続きが未完了のため，一度行った清算結了登記を抹消しなければならない可能性があるので，注意して確認するようにしましょう。

　また，清算手続きで処分済の不動産でも，清算結了前に不動産登記の手続きも行っておくことに注意しましょう。例えば，清算する法人から代表者個人に不動産を売却していたような場合には，法人から代表者への所有権移転登記を行う必要があります。

　清算結了前であれば，通常の手続きと同じように法人の印鑑証明書等を添付すれば足りますが，清算結了登記後になってしまうと法人は既に消滅しているため，閉鎖登記簿に記載されている清算結了前の清算人である個人が，登記義務者となって不動産の登記を申請することになります。

試験ではこう出た！　　司法書士試験（平25）

問　株式会社が定款で定めた解散の事由の発生により会社が解散した場合には，最初の清算人が就任した日から2か月を経過する日より後の日でなければ，清算結了の登記の申請をすることができない。

答　正しい。

　株式会社は，清算開始した後，遅滞なく，債権者に対し，一定の期間内にその債権を申し出るべき旨を官報に公告し，かつ，知れている債権者には，各別にこれを催告しなければならず，この期間は2か月を下ることができないため。清算人が就任後，2か月経過していなければならない（会社法第499条第1項）

■著者紹介

福島　崇弘（ふくしま　たかひろ）

名古屋経済大学卒業後，司法書士受験を思い立ち，朝から深夜まで司法書士事務所で補助者として仕事をしながら勉強。2012年に合格後，司法書士と行政書士の資格を活かして開業し，実務に携わる。

活動の幅は広く，名古屋経済大学法学部やLEC東京リーガルマインドで講師として教鞭を執るほか，MID-FMで自身のラジオ番組を持ち，パーソナリティを務める（毎月第3月曜日に放送）。著書に，『司法書士試験社会人の時短合格術50』（中央経済社）がある。

◆本書のお問い合わせについて◆

本書のお問い合わせは，お名前・ご住所・ご連絡先等を記載し，書名・該当ページを明記のうえ，文書にて下記へお寄せください。お電話でのお問い合わせはお受けできません。

〒101-0051　東京都千代田区神田神保町1-35　FAX　03-3291-5127

E-mail　info@chuokeizai.co.jp　㈱中央経済社編集部「登記業務現場の教科書」係

新人司法書士・補助者のための
登記業務現場の教科書

2023年12月1日　第1版第1刷発行
2024年12月5日　第1版第4刷発行

著　者　福　島　崇　弘
発行者　山　本　　　継
発行所　㈱中　央　経　済　社
発売元　㈱中央経済グループ
　　　　パ ブ リ ッ シ ン グ

〒101-0051　東京都千代田区神田神保町1-35
電話　03 (3293) 3371 (編集代表)
03 (3293) 3381 (営業代表)
https://www.chuokeizai.co.jp
印刷／㈱堀 内 印 刷 所
製本／有井 上 製 本 所

© 2023
Printed in Japan